名校名师丛书

校本科研指导

刘仕飞　屈小玲 编著

李昀轩　郑巍微 副主编

北京出版集团公司
北京教育出版社

图书在版编目（CIP）数据

校本科研指导 / 刘仕飞，屈小玲编著 . — 北京：
北京教育出版社，2019.3
（名校名师丛书）
ISBN 978-7-5704-0402-5

Ⅰ . ①校… Ⅱ . ①刘… ②屈… Ⅲ . ①中小学教育—
教育研究 Ⅳ . ① G632.0

中国版本图书馆 CIP 数据核字（2018）第 146255 号

名校名师丛书
校本科研指导

刘仕飞　屈小玲　编著

*

北京出版集团公司　　出版
北京教育出版社
（北京北三环中路 6 号）
邮政编码：100120
网址：www.bph.com.cn
北京出版集团公司总发行
全国各地书店经销
天津兴湘印务有限公司印刷

*

710×1000　　16 开本　　11 印张　　140 千字
2019 年 3 月第 1 版　　2019 年 3 月第 1 次印刷
ISBN 978-7-5704-0402-5
定价：33.00 元

前　言

　　教育科研对教育观念的转变、学校管理与建设、教育教学质量的提高、教师队伍整体素质的提高等发挥着巨大的作用。以校为本，校本发展，是当今中小学教育改革与发展的全新教育思想和理念。

　　基础教育课程改革，将我国百万教师的专业发展问题提到了前所未有的高度，教师素质的提高，显得比以往任何时候都更加重要。把学校构建成一个学习型组织，建立以校为本的科研兴校制度，这项十分紧迫的任务摆在每一位教育工作者面前。

　　通过深入学校开展科研工作，我们看到，一提起科研，有些教师就觉得头痛，对科研工作不知从何下手、如何开展。其关键原因是教师没有掌握一套实用的科研方法。由于校本教研是教育科学研究的一个特定范畴，校本教研所采用的方法也必然是教育研究方法类群中的一些适合学校环境、符合研究目的、便于教师"边工作，边研究"的方式和方法组合。本书就是为教师做校本教研提供方法支持而编撰的，是对校本科研研究方法的科学指导。

　　该书具有以下特色：①全面。全面地阐述了校本研修的方法，包括教育观察法、教育行动研究、教育叙事研究、教育案例研究、教育经验研究、教育调查研究、教育实验研究与教育测量研究。既有概括性的理论支撑，更有具体可行的操作方法或技能技巧的点拨。②丰富。入编本书的资料、案例点拨分析丰富多样，所选内容具有广泛性与代表性，能够给教师提供借鉴。③可操作性强。本书重在为读者提供校本研修的方法、操作步骤、程序及应注意的问题等，并辅之实例加以具体说明。作为便捷的教师工具校本用书，本书系统性强、图文并茂，突出了现代校本培训的针对性、反思性、时效性等特点。

由于时间仓促，书中难免有纰漏之处，希望读者批评指正。

编　者

目　录

第一章　校本研究概论

校本研究是以校本思想为根基，为服务和推动普通基础教育课程改革而发展成的一项学校制度。它一般指从学校实际出发，在学校中进行的各种教育研究活动。我国当前课程改革中所倡导的"校本课程开发""校本教学研究""校本培训""校本管理"等，都与其意义相近，亦可说是对同一件事情从不同角度进行的观照，它们在本质精神上是一致的。

第一节　什么是校本研究

一、"校本"的基本含义

"校本"有三方面的含义：一是为了学校；二是在学校中；三是基于学校。

为了学校，意指要以改进学校实践、解决学校所面临的问题为指向。"改进"是其主要特征，关注的是学校管理者和教师们日常遇到和亟待解决的实践问题。不是囿于外在的理论、模式、方法，而是具体分析学校的实际，寻求解决具体问题的对策，是把解决具体问题放在第一位。它不是不要理论、模式、方法等，而是更强调从具体情况出发，更强调理论、模式、方法都必须接受实践的检验、修正和补充。

在学校中，意指学校自身的问题，要由学校中的人来解决，学校中的人具有不可替代的作用。局外人很难对学校的实际问题有真切的体会和全面的了解。

基于学校，意指从学校实际出发，各种培训、研究，都要符合学校的实际情况。专业研究人员或其他人，只能服务于学校的需要，而不能凌驾于学校之上。

总之，"校本"的出发点是学校自身存在的问题，落脚点是解决学校面临的关键问题，过程要以学校自身人员参与为主。但是，确定"校本"的出发点，帮助解决学校存在的问题，以及"校本"实施的过程，都可能有专业研究人员或其他人员参与。因此，"校本"不是"本校"。

二、"校本"的主要内容

"校本"主要包括四个方面内容：校本研究、校本培训、校本课程和校本管理。这四个方面在"校本"的实践中是统一、相互渗透、相互依存和多向互动的关系。大致说来，校本研究是起点，校本培训起助推作用，校本课程的开发是落脚点，校本管理则贯穿、渗透于四者之间，起着协调、组织的作用。

为什么强调"校本研究"是起点呢？因为无论是培训，还是课程开发，都源于对学校实际的认识和把握，也源于对学校中存在的现象、矛盾等的深刻洞察，而这种认识、把握和洞察，必须以校本研究为手段，只有通过校本研究才能获得。校本研究中对这一连串问题的解读、探讨，既为校本培训提供了针对性很强的素材，也为校本课程的开发提供了必要的前提和依据。

校本培训在校本研究与校本课程的开发中起着承上启下的作用。一方面校本培训的内容、方法、形式等要借助校本研究发展起来，另一方面校本课程为何开发、如何开发、开发什么等问题要借着校本培训使广大教师加以掌握。而校本管理，对校本研究、校本培训、校本课程来说则是前提和保障。

三、"校本研究"的特点

以校为本的教研制度的基本理念

以校为本的教研制度，是对以校为本的教研活动的制度化规范。它的基本特征是"学校为本"，强调围绕学校自身遇到的问题开展教研活动，强调解决教师自己的问题、真实的问题和实际的问题。

强调教学研究的基地是学校，即意味着教学研究的工作方式将发生很大变化。一方面，学校内部的教学研究要立足于学校自身的真实教学问题；另一方面，校外教学研究机构不仅要采用自上而下的工作方式，还要更多地采用自下而上的工作方式，倾听和反映学生、老师和校长的教学要求和教学问题，学习和鼓励他们的首创精神和实践智慧。教学研究除了研究教材、教参之外，还要重视研究学生、研究课堂、研究学校、研究课程。

校本教学研究强调教师是教学研究的主体。只有越来越多的一线教师以研究的态度来对待自己的教学实践，从事教学工作，并且在这个过程中不断提高解决教学实际问题的能力，学校教学质量的普遍提高才有真正的可能。以教师为主体所从事的教学研究不同于以倡导"思想观念"和"理论流派"为己任的"象牙塔式"的研究，它应该是"问题解决式"的行动研究，是自觉和主动地致力于探索和解决自身教学实践中的问题，从而达到改进教学实践和提高教学质量的目的。

促进师生共同发展是教学研究的直接目的。其中的核心是教师的专业发展和学生的身心健全发展，这是体现学校办学水平的主要内容。随着新课程的广泛推进，新课程的问题将在教学实践中暴露，新课程的困惑将在教学实践中产生，而新课程实施中问题、困惑的产生和解决，急切需要有应对的策略，急切呼唤富有活力的教学研究模式——以校为本的教学研究制度的建立。

第二节　校本研究的方法

笛卡儿说过，最有价值的知识是方法的知识。从科学史的角度来看，科学发展的每次重大突破都与方法的革新紧密相关。只有采用了正确、合适的方法，才能保证所获得的研究结果可靠、准确，才能解决所要探讨的问题。构成研究方法的要素包括研究对象、物质手段、思维形式和方法、理论工具。

一、关于教育研究方法

(一) 什么是研究方法

研究方法是从事研究的计划、策略、手段、工具、步骤及过程的总和，是研究的思维方式、行为方式以及程序和准则的集合。研究方法包含了以下三方面：一是方法论，即指导研究的思想体系；二是方法或方式，即贯穿全过程的基本程序、策略和风格；三是操作技术，即在研究中具体使用的手段、工具和技巧。

也就是说，研究方法包括了三个层面：方法论、方法或方式、操作技术。这种界定反映了人们对研究方法的认识在不断加深。正如叶澜教授所指出的，人们已经把对研究方法的认识，从把方法看作某类静态物度量的规范发展到对活动的程序、途径、手段的规范；从对个别方法的理解发展到对方法体系的认识；从对方法功能的认识发展到对方法结构的认识，同时人们还把行动操作的方法与研究中的思维方法结合起来，构成了方法中相互依存、不可缺少的两大组成部分。

(二) 教育研究方法的构成

教育研究方法就是按照某种程序和路径，有组织、有计划、系统地研究教育现象和构建教育理论的方式。它既是一个认识过程，又是一个知识体系和行为规则系统。教育研究方法是解决教育实践问题和发展教育理论的重要工具，可由不同层次的"方法"构成。

教育研究方法的最高层次也即指导原则，它是世界观体系的方法论原理，包括哲学方法论 (如辩证唯物论) 和科学方法论 (如系统理论)。在理论上它是马克思主义的应用哲学，在实践上它是起定向作用的各类具体研究方法的结合体。

第三个层次是教育科研中具体使用的方式、方法和手段的总称。它是为达到不同研究目的而进行的各种具体方法的灵活的实际应用。如怎样进行行动研究、如何设计教育实验等。

我们所指称的"校本研究方法"，主要讲的是适合学校教育情境、教师能在实践活动中运用的方法，它应当是在哲学方法论指导下，选择适当的研究类型去从事研究的具体方式、方法和手段。因此，我们不过多地在抽象与概括的层面上阐述，而侧重于应用与操作的介绍。

二、从研究的范式看校本研究方法

自然科学研究历经逐步发展，摸索出了两大类型的研究范式：一是定量研究，二是定性研究。教育研究在20世纪经历了这两种范式间的冲突。定量研究是模仿自然科学，强调适合用数学工具来分析的、经验的、量化的观察，研究的任务在于确立因果关系，并作出解释。定性研究是从人文学科推衍出来的，它所注重的是整体和定性信息以及理解的方法。

我国学者认为，教育科学研究一般来说有两种基本范式：一种是以事实研究为主的实证性的研究模式，一种是以价值研究为主导的非实证性研究模式。实证式的研究包括定量研究、实验研究、调查统计分析研究和逻辑分析研究等；非实证性研究包括分析描述研究、文献研究、质性研究、思辨研究、解释学研究等。

(一) 质性研究

质性研究 (或称质的研究) 的最大特点是：具有强烈的人文关怀和平民意识，在自然情境下对个人的"生活世界"以及社会组织的日常运作进行探究，提倡研究者对研究情境的参与，直面实事，与研究对象共处，对他们的生活故事和意义建构作出"解释性理解"，对事物的复杂性和过程性进行长期、深入、细致的考察。有些专家将其概括为两个方面：一是现象描述、整体归纳、主观结论，二是突出自然环境和现场性的研究条件。在校本研究中，很多研究都采用质性研究模式。

(二) 实证研究

实证研究的主要特征是事实研究、定量分析，它是以现实中真实的事件为对象，通过准确细致的数量分析证明结论。其研究方法主要包括调查、实验、测量等。

近年来教育研究所采用的方法呈现出重视实践及质性研究的趋势，人文特色日益增强。同时研究方法的多元性、综合性特征不容忽视，从这个角度来说，实证研究有着无可比拟的优势，如：可以从多角度对资料进行掌握；研究结果具有客观真实性；能够帮助教师在研究中掌握更多的第一手资料，更有把握地得出研究的结论，更好地获取研究成果；等等，其作用无可替代。

(三)质性研究与实证研究的结合

我国学者阎光才在对教育研究中的量化与质性方法之争进行语境分析时提出，教育与其他社会科学研究所面对的社会现实是主观建构与客观形构的统一，量化与质性方法并不存在必然对立，而是具有相容性和相互补充作用。

从总体上看，定量的实证研究者比质性研究者更强调标准研究和预先设计。而质性研究在研究时更灵活，并且常包含多种研究方法。就校本研究而言，由于它研究的对象是具有复杂性和综合性的教育实践活动，因此人们也就更多地把质性研究同定量的实证研究结合起来。

应当看到，教师在做校本研究时，针对研究的阶段、目的及性质等因素的差别，应采取不同的研究方法。定性研究的深入需要定量研究做辅助，而定量研究的运用则为定性研究的深入提供了数理和逻辑的依据。从这个角度说，这两类研究互相支持、相辅相成，都是不可或缺的，只是根据研究侧重点的变换而交替使用不同的方法而已。平时教师结合自己实际工作也进行着各种研究，即使在这样的微观研究中，典型的案例分析和准确的数据说明也是同样重要的。

三、从研究的类型看校本研究方法

教育科学研究按不同的分类标准可以划分出多种类型，如：根据方法论体系，可分为哲学方法论(以唯物辩证法为代表)、一般科学方法论(以系统方法论为代表)，以及各种具体研究方法；根据研究水平，可分为直觉观察研究、探索原因研究、迁移推广研究和理论研究；根据研究手段的特征，可分为历史研究、调查研究、比较研究、实验研究、文献研究；等等。

为了贴近校本研究的运作，我们可以从以下三方面来分析研究的类型：

依据研究目的的不同可分为基础研究、应用研究、发展研究。基础研究是指向普遍性问题的，它可以为现有的教育科学知识体系增添新的东西。应用研究是指向特定问题的，它以解决实践中的具体问题为宗旨。发展研究则是运用基础研究和应用研究的成果，对教育活动进行预测、规划，或对某项教育内容与方法作出重大变革、创新的系统的创造性的研究。特拉弗斯曾这样分析过：基础研究旨在增加科学知识和组织体系，并不一定会产生直接的实践价值的结果。应用研究则旨在解决实际问题，增加科学知识的目的是第二位的。威廉·维尔斯曼则指出：基础研究与应用研究，并不是从它们的复杂程度或价值来区分，而是从它们的目标或目的来区分。从十多年来学校开展的教育研究来看，在学校情境中，以学校中的问题或以教学、教育改革为中心，寻求直接的问题解决或改革效应，主要是以"应用"为目的的研究，当然也不排除某些基础研究和学校发展研究。

依据研究场域的不同可分为文献研究、现场研究。文献研究主要通过查阅文献获得资料，并通过自己的思维加工而取得研究成果，其工作的场域与方式是"书斋式"的。在这种研究中，研究者作为旁观者与思考者，不一定直接接触教育实践。现场研究则必须进入教育的现场，取得第一手资料（文献分析是把握研究起点和动向的第二手资料），在参与实践和解决问题中进行研究。一般来说，校本研究是在教育活动的现场中进行的，较好地体现研究与实践的一致性。

依据研究范围的不同可分为宏观研究、中观研究、微观研究。宏观研究，指对重大理论和实践问题的研究，涉及范围广，人员多，影响大，难度高。微观研究，是指对比较具体、操作性和可行性比较强的问题的研究，可以是小的理论问题，也可以是具体的实践问题。中观研究，是指研究问题介于宏观和微观之间的研究，既具有一定的理论性，又具有一定的可行性，有一定研究实力的单位就可以完成。校本研究一般较少涉及教育与政治、经济、文化体系之间的关系与联系，而更多地关注学校内部进行的活动，如学校管理、班级工作、思想教育、学校课程与教学、学生发展与师生交往等，因此多属中微观研究。

小资料　一种教育科学类型系统的划分

级别层次	一级分类	二级分类	三级分类
分类依据	研究性质	研究特点	研究形式
研究类型	基础研究	事实研究 历史研究 学术研究 理论研究 实验研究	宏观研究 微观研究 定性研究 定量研究 个体研究 群体研究 个案研究 名案研究
	应用研究	教学研究 德育研究 管理研究 评价研究 政策研究	
	发展研究	规划研究 对策研究 未来研究 预测研究 前瞻研究	

第三节　校本研究方法的选用

在林林总总的方法类群中，我们需选取适应校本研究的目的、研究对象和研究主体的方法。校本研究方法并不是一种独立的"方法"，而是一些教育研究方法在学校教育研究活动中的选择性组合与应用。

一、校本研究方法的正确定位

校本研究方法的正确定位，与其自身特性紧密相关，此外要明确它应当是哪一类的研究，这是很关键的一点。我国学者郑金洲认为校本研究不同于纯理论研究，也不同于专业工作者的研究，在一定程度上它属于实践者的研究，属于解决问题的研究。这类研究的定位是不是准确，直接关系到"校本"的"味道"，以及学校实践工作改进的水平。从校本研究的含义、目的及要求出发，我们将校本研究定位为集综合应用研究、中微观研究、现场研究、行动研究于一体的研究。

学校是一个特定领域，在其中展开的各类研究具有全新的特点：复杂、多元、综合、合作。因此，可以说教育科研将是在中观或微观层面上，以应用研究或发展研究为主体，定量研究和定性研究结合并用，探索性、描述性和解释性研究兼而有之，以系统方法和一般研究方法为主要方式的一种研究形式。

多数研究者在校本研究中都强调"应用""进入现场"和"实践中的具体问题"几方面。因而校本研究的要点在于从实际出发，根据研究的目的、内容、条件等，注意各种研究方法的有机结合和优势互补，具体使用某种方法时，要求做到"适切""变通"和"创造性应用"。

二、校本研究方法的合理选择

校本研究方法应当是那些适合运用于学校情境、能帮助教师解决教育实践中的具体问题、便于教师掌握的某些教育研究方法。前面讨论的校本研究方法的"定位"，实际上是从"类型"的角度对校本研究方法进行的适切性分析。下面我们再从研究方法的"属性"的角度，找到选用研究方法时应注意的地方。

关于教育研究方法选择的标准，我国学者曾提出三条原则：一是主体与客体相协调，即要适合特定的研究者运用它去研究特定的问题；二是方法与实际相一致，即研究的方法要同研究的性质、类型、规模、对象等相一致；三是移植与再造相结合——对某种方法的学习和沿用要同创造性改造和发展结合起来。

校本研究方法的选用可同样遵循以上三条原则，但有两点需强调：

第一，校本研究的方法是研究学校中的教育活动的方法，它常常具有综合性和包容性。叶澜教授曾经讲过"教育研究需集人类研究方法之大成"。事实上，并没有一种方法是专用于校本研究的，校本研究常常是杂糅各种具体研究方法而进行的，如行动研究方法中用到了观察法等其他方法、叙事研究方法中需采用定量研究的方法。

第二，校本研究方法是为解决学校教育实践中的具体问题服务的，它具有鲜明的针对性和实用性。因此应根据方法的有用性来对待不同的方法，要看使用这种方法是否能够比不使用它或使用其他方法产生更多的有用信息。在采用研究的方法时，不应以方法为中心，而应以问题为中心。也就是说，方法服从于目的，有利于学校实践问题的解决和教师专业发展的方法就是好方法。而且，它还应当是教师在学校工作情境中有条件和能力去采用的方法。

三、校本研究方法的价值取向

校本研究自身的特点决定了其研究方法具有一定的价值倾向性。我国有的研究者认为，校本研究体现了"表达自我""人文范式""日常叙述"等研究价值取向。

我们认为校本研究方法的价值取向，具体表现为以下几个方面。

(一) 实现"科学"与"人文"的统一

在20世纪，定量研究与定性研究这两种研究模式之间长期存在着冲突，这实际是"科学"与"人文"的冲突。应当说"科学"的范式和"人文"的模式都有各自的适用对象和范围。

校本研究的对象是学校的教育活动，而任何一种教育现象或教育活动都是置于某种特定的社会文化氛围中的，与其所处的社会文化情境分不开。如果要了解个体和社会的教育活动，就必须把他们置之于丰富、复杂、变化的社会情境中进行考察，必须直接指向个体的生活体验本身。校本研究必须面对精神生活和人的教育与发展，这就决定了校本研究不应以客观的自然界为对象，而应以具有丰富的情感、态度和生命活力的人为对象；教育研究不应在所谓的、无干扰的"真空"实验情境中进行，而应在千变万化的真实教育情境中进行，教育活动中的因果关系相当复杂，它不但呈现出多因素相互作用的现象，而且还存在着因果在过程中不断相互转化，很难分解变量的情况。教育研究的对象、情境及其内部规律的特殊性，决定了教育研究不可能简单模仿、机械照搬自然科学的实验法，也决定了它在追求"客观化""科学化"规范上的有限性。走向生活体验的教育研究，要求研究者必须在真实的教育情境中进行长期的观察，深入到师生的日常教育生活中，了解他们的日常生活体验，发现其中的教育问题，发掘其中的教育意义。因此，校本研究要把"科学"的模式与"人文"的模式统一、整合起来。

（二）强调"描述"与"干预"的结合

校本研究要指向学校教育实践中的各种问题的解决，因此，它不仅要描述某种教育现象或教育活动，而且要通过干预性的实践去改善它和变革它，真正做到"认识世界的目的是改造世界"。

什么是教育研究中的干预呢？

干预是人为地、有目的地施加某种影响，以达到改革某一事物的目的的行动。广义而言，任何教育措施都是干预，但教育措施与教育干预并不是一回事。首先，干预是针对某一问题而设置的，具有鲜明的解决问题的目的；常规的教育措施是针对普遍性情况的，目的在于保证学校日常工作的正常进行。其次，干预往往改变常规教育手段，以获得常规教育手段难以得到的结果。最后，干预往往在学校教育改革研究中作为某种自变量出现，因而往往置于实施者的控制和密切观察之中；常规的教育措施、手段由于反复运用而处于自动化运行中。但是，两者也不是全然分离的。当某种干预措施多次取得成功时，它就可能变为常规的措施固定下来。因此可以说，干预是对原有常规措施的革新，常规措施是成功的干预措施的固定。通过两者的互动，学校各项措施便日益完善化、科学化。可以说，校本研究的实质就是为解决学校中的问题而进行"干预"，并选择最优的干预策略。

（三）追求"成事"与"成人"的双赢

教育研究从总体性质上来看是一种"事理"研究，这正像叶澜教授所指出的，"事理研究既不像自然科学，是对人的外界物体之研究，以说明'它'是什么为直接任务；也不像精神科学，是对人的主观状态的研究，以说明'我'之状态、变化、性质以及为什么会如此等为直接任务。它以人类自己所创造、所从事的活动为研究对象，既研究事由与事态、结构与过程、目标与结果等一系列与事情本身直接相关的方面，也研究提高活动的合理性、效率、质量与水平"。所以教育研究的价值在于"成事"，既包括"改进教育实践"，也包括"促进教育理论建设"。

但正如我国有的学者所指出的，以往的教育研究注意到了"成事"的

方面而忽视了"成人"的方面，从校本研究的价值追求来看，它不仅要提高对教育活动规律的认识、解决学校教育实践中的问题，而且要促进学校的文化建设和教师的专业发展。也就是说，校本研究中"成事"与"成人"是统一的，即通过改变人来办好事，又在"成事"中"成人"。教育研究中的"成人"价值主要体现在三个方面：作为人的理性活动，教育研究具有丰富人类精神文化的价值；作为一种组织行为，教育研究具有激发组织活力、形成组织凝聚力的价值；作为人的探究活动，教育研究具有不断提升人的生命质量的价值。

（四）重视"主体"与"对象"的互动

在校本研究中，学校的领导者和教师是研究的主体，而具体的人所从事的各种活生生的教育活动是研究的对象。教育研究的主体不可能成为"旁观者"和"局外人"而置身于教育活动之外，它必须沉浸在教育活动之中，通过充分的交流与对话、各种形式的相互作用、长时间的"参与性观察"，才能做到既看到现象，又了解人的真切认识和情感体验，也才能把握教育活动深层的、本质的"奥秘"。其实校本教研中的"行动研究""叙事方法""经验总结""主客位互动"等，其意义在于要在研究者和研究对象之间建立一种新型的平等互动的关系。

如何在教育研究者与研究对象之间建立一种平等互动的关系呢？我国有的研究者认为，首先，教育研究者应尽可能地使其研究活动与真实的教育情境和经验形成内在的密切联系，深入研究对象的教育生活，了解他们的思想情感、价值观念和人生态度。其次，研究者要对个体的生活体验进行理性反思，探寻其中的教育意义，从而"将晦涩的东西变得明了，将日常生活中易于忽略的东西变得可以解读"。教育研究的最终目的在于服务教育实践，在于提升教育活动中个体的生活质量丰富其生活意义。理性反思有助于保证教育研究的理论特质。最后，实现叙述风格的转变，克服思辨语言的局限性，引入一种平易、亲切的生活语言。

（五）注意"规范"与"灵活"的兼容

校本研究是一种教育科学研究，因此它必须注重科学研究的"规范"，要了解各种教育研究方法的特点和利弊、适用对象和范围、使用时的技术要求、操作中的影响因素等，只有这样才能保证校本研究的质量和实效，校本研究的成果才可以有效地使用和推广。但也应当看到，学校的教育情境是复杂多变的，需要解决的问题又往往是"结构不良领域"的问题，采用某种研究形式与方法的条件也未必能充分满足。因此，要在注意"规范"的同时注意"灵活""变通"和"整合"，使校本研究更具有活力、更能吸引教师的主动参与。

校本研究还要处理"移植"与"改造"的关系。由于校本研究并无一种"特有"的方法系统，它的方法常常需要"移植"。但"移植"必须与"再造"结合起来。叶澜教授指出，移植不意味着原封不动地套用，而是指对已有方法进行合目的、合对象的再造，它含有创造的成分。因此，被移植到教育研究这块土地中的任一具体方法，不再只具有原先所属研究领域的方法的类特征，还具有了教育研究领域的方法的特性，是不同于原方法的新方法。叶澜教授还指出，要学会正确地选择和使用方法，在实践过程中不断完善已有的方法，并创造出新的方法。不要被方法束缚住手脚，做方法的奴隶。

四、校本研究方法的有效运用

任何一种方法都是在实际运用中逐渐得以熟练掌握并深化的，对校本研究方法的掌握也是在研究展开的过程中逐步习得进而熟练运用的。因此，掌握校本研究方法，一是要了解校本研究的进行过程，二是要把握教育研究方法运用的特点，三是重视研究方法的创造性升华。

（一）了解校本研究的进行过程

任何方法都是附着于研究过程并支撑这一过程的，因此，我们首先要了解校本研究的大体过程。

所谓"过程"，一般是指一项活动的启动、发展、变化和结束在时间上连续展开的程序结构。一个过程总是由一系列的环节或步骤组成的，尽管这些步骤与环节在顺序上可能有变化，在内容上可能有渗透，但基本的"螺旋式上升"和"阶段性发展"还是存在的。我国有的研究者指出，教育研究的过程，是一个有多种因素参与、有多种发展可能性的复杂过程，要提出一个综合统一的划分模式是有困难的。因此，可以从以下三种视角作出阶段划分。

第一种视角：按研究的认识进程划分阶段。

教育科学的研究过程，主要表现为认识活动的发展过程。因为问题的发现与解决、研究的计划与实施、方法的选择与运用等，都离不开研究主体的认识活动。

①直觉认识阶段：这是发现问题的开端，研究者往往凭直觉洞察到问题。

②理性认识阶段：研究者查阅有关资料，考证事实，了解最新发展状况，对所研究的问题进行理性的思考。

③发散认识阶段：这一阶段是理性认识的继续，是创新认识的中介。不盲从、不轻信事实或他人观点，在进一步查阅文献资料时以发散的思维形成自己的理论观点。从不同角度、不同侧面，运用不同的方法与手段指向认识对象。透过表面现象和容易迷惑人的假象，深入内里，斟酌推敲，直到透彻为止。

④创新认识阶段：最后总结归纳、提炼思想、检验论点、形成结论，这也是出研究成果、显露质量和表现水平的时候。

第二种视角：按研究的工作进程划分阶段。

工作进程与认识进程在性质、形式、特点、顺序、名称等方面都是不一样的。

①选题阶段：包括问题的发现与确定，课题的设计与论证、申请与审批，人员的挑选与队伍的组织，条件的准备和经费的落实，等等。

②开题阶段：开题阶段主要是认真做好各项准备工作，尤其在文献资料、研究队伍、科研思路、理论构想等方面，准备要充分，要能拿得出手、经得起检查。

③解题阶段：即组织实施、解决问题的阶段。这是研究的一个中心环节，是"工作进程"中的一个实质性阶段。

④结题阶段：这个阶段要做的工作也很多，例如研究结论的最后论证，研究成果的全面推出，研究报告与汇报的拟写讨论，专家鉴定会的安排，当题报告会的总结发言，等等。

第三种视角：按研究的活动进程划分阶段。

校本研究可以是"群体研究"，也可以是"个体研究"。前面讲的"工作进程阶段"可能更适合"群体研究",而"个体研究"是用不着这么复杂的。那么,个体参与校本研究,要经历哪些活动呢?作为"研究过程的活动进程阶段",逻辑思路应该是:

研究什么问题——选题

打算如何研究——设计

怎么进行研究——资料

研究出了什么——结论

什么方式体现——成果

研究情况怎样——评价

(二)创造性地应用各种研究方法

教育研究的方法要适应研究发展的需要。校本研究的兴起,必然会促进教育研究方法出现新的动向,因此应创造性地组合与运用各种教育研究方法,其基本原则是:

①多元整合。将实证主义的定量研究与人文主义的定性研究相结合,将观察法、调研法等多种手段穿插使用。

②灵活可行。在确保研究方法具备科学性的前提下,教师应尽可能从当地实际出发,结合实践研究的需要,对研究方法作出必要的变通。

③彰显特色。在按照共同标准逐步对广大教师加以引导的同时,格外尊重学校教师的个性特点,形成自主研究的特色。

④注重对现代教育信息技术的运用。尤其在研究开展前搜集利用情报资料,以及研究后期对所搜集数据进行多范围和深度的分析时,运用信息技术将会大大提高效率和减少困难。

第二章　教育观察研究 和教育行动研究

人类对客观世界的认识，无不始于感觉；感觉是认识的开端和一切知识的源泉。观察，作为一种高水平的感觉知觉，是人类系统认识客观事物的手段，是科学研究的最基本的方法。在校本研究中，由于观察方法自然可信、简单易行，一般不受设施、场所的限制，所以其成为教师最广泛运用的方法。

第一节　教育观察研究简述

观察，是一种有目的、有计划并伴随着思考的知觉行为。这里的"观"，就是通过感觉器官捕捉有关事物的信息；而"察"，则是对这些信息的思考与分析。

一、教育观察法的含义

每天我们的感觉器官都要接受来自各方面的信息，视觉的、听觉的、触觉的、嗅觉的，凡此种种，都是自然而然的行为，往往是无意识的观察和感知。

观察法则是在自然条件下，凭借自己的感觉器官或辅助工具（如科学仪器和信息手段），不加控制条件，但有目的、有计划地对客观对象，包括人、自然现象和社会现象进行直接的、系统的考察、记录，从而获得经验事实的一种科学研究方法。观察法作为科学研究方法，同日常观察相比，具有客观性、可靠性、系统性、周密性等特点。

教育研究中的观察法是指研究者通过感官或借助于一定的科学仪器，

在一定时间内有目的、有计划地考察和描述客观对象（如教师、学生的某种心理活动、行为表现等）并搜集研究资料的一种方法。

二、教育观察法的特征

教育观察法是指将观察法用于研究教育现象和教育活动的一种研究方法。它具有以下特征：

①观察是一种有目的、有计划地搜集资料的活动。在观察前，研究者通常要根据研究任务来确定观察对象、条件、范围和方法，以保证观察有目的地进行。

②观察是在自然发生的条件下，在对观察对象不加任何干预和控制的状态下进行的，这使得教育科学研究者能够考察被试者在日常现实生活中的真实的、典型的和一般的行为表现。

③观察的对象是当前正在发生的事实现象，具有直接性。观察者和观察对象共处于一个研究体系中，这使得观察者能够直接、准确地了解到观察客体发生、发展的过程，获得真实而详细的资料。

④观察是伴随着思维活动，在一定的教育科学理论的指导下进行的，其结果的解释是以有关理论为前提的。观察既是一个感知过程，又是一个思维过程。有关知识经验越丰富，观察到的东西就越多，对事物的认识就越深刻。

⑤观察总是借助于一定的观察工具。观察工具有两类——人的感觉器官（包括眼、耳、鼻、舌等）和科学的观察仪器与装置（如望远镜、显微镜、摄影机、照相机、录音机、探测器、单向玻璃、人造卫星等）。观察仪器实质上是人的感觉器官的放大或延长。随着人们对观察结果的精确性、科学性的要求越来越高，科学的观察仪器与装置在观察研究中起着越来越重要的作用。

三、教育观察法的分类

根据不同的分类标准，教育观察可分成不同类型。在校本研究中，往往几种类型兼有或综合采用。从校本研究的特点和有效性来看，应特别注意以下的分类。

（一）结构性观察与非结构性观察

结构性观察，指事先制订明确的目标、具体要求、详尽计划、实施步骤及方法的观察形式，这样取得的结果比较周详精确，便于比较分析，并可与实验法结合使用。与此相反，非结构性观察则是事先没有明确的目的与要求，也不确定具体观察方法，即不作情境控制，根据观察者的需要随时采用灵活的方式而进行的观察。这种观察的好处在于可随时发现新问题，并补充新的探索性资料，但一般缺乏系统性和完整性，因而往往只用于预备性观察研究。

在校本研究中，非结构性观察是随时随地可进行的，教师应当有"处处留心皆学问"的审慎态度，保持对事物的敏感性和开放性，但若进行的是严谨的研究，则还是以结构性观察的方式为宜。

（二）参与性观察与非参与性观察

参与性观察，指观察者深入到活动现场，以其中一员的角色加入观察对象当中，参与他们的活动，同时进行有意识的观察。在这种条件下进行的观察，可以深入了解观察对象的具体情况，获得局外人所无法得到的第一手资料。非参与性观察，是观察者以纯粹观察者的身份，不惊动观察对象，于悄然中对观察对象进行的观察。通常观察大多为非参与性观察。非参与性观察所得的结果比较客观，其中观察者自身的个人色彩很淡，但不利于获取某些深层的有价值的信息。

从校本研究的实际情况看，非参与性观察是大量的、随机的，无疑具有重要价值，但从观察深入和获取资料的全面性的角度来说，应当倡导参与性观察，而且，在校本研究中，教师之间的合作、互动和共同发展，也可以通过参与性观察而实现。如观课前，观课教师参与到执教教师的教材研究、教学设计和行为改进中去，就可以消除那种消极评判、吹毛求疵的弊病，从而取得集体负责、集思广益、共同提高的效果。

（三）定量观察与定性观察

定量观察是按照事先设计的一套明晰而严密的计量系统实施的观察，它也被称为系统化的、结构性的、标准化的观察。定量观察法的长处是能系统、高效地获得大量真实的、准确的信息，易于进行记录，且观察结果便于进行系统的定量处理和对比分析。其不足之处在于对观察设计人员和实施者的素质要求较高，同时观察过程比较呆板，缺乏灵活性。

定性观察是研究者在真实的情境中对被观察的人或事所做的开放性观察。这种观察事先并不制订系统的观察项目清单，而只是确定一个大致的主题或思路；同时，在实施过程中，观察的内容、重点、范围也有可能随着现场的变化而发生改变。相对于其他研究方法（尤其是定量观察法）来说，定性观察法有如下优势：可以了解更为真实的信息，获得更完整的资料，并可进行多次观察。

在校本研究中，虽然多采用定性观察的方式，但也不妨设计一些量化观察的工具，便于教师操作，也使大家都有一个大体一致的观察标准，这样搜集到的资料也较规范、准确。

四、教育观察法的基本环节

一般认为，教育观察法的过程有如下几个重要环节：

（一）准备阶段

观察的准备阶段主要应做好的工作有：

①划定观察对象的范围。

②确定具体观察目标。目标是目的的具体化。在观察目的的引导下从三方面来确定观察目标：

一是选取典型的观察对象。观察不可能对大量的人和事件平均使用精力，因此要选定那些有代表性的对象进行观察。比如，我们要研究学生在课堂上的主体性表现，就不能把观察对象确定为全班同学，那样数量太多，观察起来会顾此失彼；同时也不能只观察优秀同学，因为那样会失去代表性。比较合理的方法是，在优秀生、中等生、后进生三个群体中各选取一部分有代表性的学生进行观察，一般不超过十名。

二是明确观察范围。观察对象的活动范围很广泛，时间上有课上课下之区分；观察内容上有学生独立性、主动性及创造性等多方面的不同表现。

三是界定观察内容的具体所指。比如，我们要观察"主动性"表现，就必须说明这个观察目标的具体表现和含义。不然，每个人都按照自己的

理解去观察记录,同样的事实就会出现不同的观察结果。

小资料 对学生"主动参与"的解释

如果我们把"学生的主动参与"列为观察目标,就需要明确解释什么表现叫"主动参与"。有人想用"发言的次数"来说明学生的主动参与,恐怕就有问题。因为有的学生虽然发言很少,但是内心的思考一直很积极,一旦发言,质量比较高;有的学生虽然发言次数很多,但是不动脑筋,也不听别人发言,感兴趣就发言,且发言内容非常肤浅。

因此,我们可以考虑把"学生的主动参与"解释为:学生在独立自主的心态下,思维积极活动,积极参加交流的行为。

③制订观察方案。即对观察的全过程做一个规划,包括观察的次数、密度、时间,观察的策略,观察的统一标准,观察的提纲,观察的记录表格及条件,等等。

(二)观察的实施

观察一旦开始实施,就应按原定计划进行,不要轻易更换观察的目标和范围,如有新情况出现,应变措施也不应偏离已有的方向。

①选择最佳观察位置。一方面要力争有一个最佳的观察视野;另一方面要保证不影响被观察者的常态。

②善于辨别重要的和无关的因素。根据研究任务,把注意力集中到能获得有价值材料的重要因素上去,不被无关的、次要的因素所纠缠,提高观察效率。

③善于探究引起各种现象的原因。每一种现象,都要找到引起现象的原因,使获得的观察材料具有研究价值。

④善于抓住观察对象偶然的或特殊的反应。用来说明本质问题的是一贯性的东西,但也要全面细致地了解问题,偶然的或特殊的反应不是无足轻重的,它对于研究问题的动向更具启示意义。

⑤善于与观察对象建立良好的关系。在教育研究中,观察对象往往是人,因此在观察中陌生感容易改变观察对象的常态,良好的关系有利于保持观察对象的正常状态。

(三)观察的记录与整理

观察者可以在现场记录(包括描述现场情况、简要分析意见、表明个人印象感受等），也可以在事后追忆记录，还可以通过录音、录像等手段记录。不论采用什么方式都要力求做到及时、客观、真实、完整。记录的方法一般有"评等法""记录出现频率法""文字速记法""综合观察记录法"等，用什么方法记录，应根据观察的类型而定。这一点我们将在"观课方法"部分加以讨论。

记录资料后，还应及时对资料进行整理和分析。整理和分析主要包括资料归集分类、资料审核评鉴、资料初步整理和进行描述统计等。

（四）提炼观点并撰写研究报告

根据对观察资料的分析研究，总结出自己的认识，并加以理论的论证，最后撰写成研究报告。在一般情况下仅借助自然观察法往往还不能完成对一个课题的系统研究，通过观察所搜集的资料常常要与采用其他研究方法所获得的信息融为一体后，才能提出观点并加以阐述。

第二节　教育观察法在校本研究中的应用

教育观察在教学研究中有着最广泛的应用，无论是日常教学活动中的问题分析，还是教学课题研究，或者参与观摩活动、外出考察，等等，都要用到观察法。

一、在自我改进中的应用

校本研究的重要作用是使教师认识和解决自身的问题，实现专业发展。观察法可以帮助教师积累感性材料，了解自身的问题，改进教育工作。其意义主要有以下三点：

①获悉反馈信息。教师对自身的认识往往始于学生或其他老师对自己的反映。通过观察，教师能捕捉到最直接、最真实的种种信息。

②促进自我反思。反馈信息的积累会促进教师进行"反求诸己"的思考，寻找现象背后的原因，并通过改进行为去试图探究新的解决办法。

③检验实践成效。教师的工作改进或探索创新的成效如何，最终还是要靠观察来证实，靠观察来支持后续的实践。

二、在参观考察中的应用

这里讲的参观考察，包括了学校内部教师之间的相互观摩以及外出的参观与考察。按照观察法的特点和要求，教师在相互观摩和考察中应注意以下几点：

①有目的地选择观察项目。要根据学习目的选择参观考察的项目，包括观摩一个活动的哪个方面或者考察什么问题，做到有的放矢，不然，只会浮在表面而无法获得真正的见识。

②掌握相关的背景资料。提前做好准备工作，对要观摩考察的活动事先有所了解，这样才能针对观察的重点，深入地探究问题，而对一些已经熟知或一般性的情况，就不必花费太多时间。

③主动表达自己的想法。要想使参观考察为我所用，就要善于和主人商量。其实东道主也愿意为来访者做好服务工作，只是苦于不知道不同学校有哪些不同要求。如果我们事先制订了计划、准备了问题，就能比较主动地去取得东道主的支持。

④抓住重点，团队配合，提高效率。除了事先有计划、有准备，还应该根据现场情况确定观察重点。如果东道主安排的内容十分丰富，必要时还可以分工观察。凡是可以回来后做的事情，尽量安排回来做（例如有些资料回来后再仔细阅读），在现场的时间主要用于抓重点，多看、多听、多问、多参与（如深入地与学校的教职工交流与讨论等）。

小资料 一个参观考察者的切身之谈

有一次，我们课题组和一些兄弟学校到上海一所学校参观访问。最后这所学校的校长给了我们30分钟提问题的时间。这段时间本来是极其可贵的，应该提出一些主要问题请教。可惜的是有些兄弟学校的教师没有抓住主次，开始几位教师万分激动地说了一些赞扬的话，接着又一位教师声泪俱下地发表了自己的长篇感想。等到其他教师提问题时，校长一看手表，只好遗憾地说："这些问题都很重要，可惜的是，约定的时间已经到了，我必须去参加一个会议，以后我们再找机会交流吧！"

⑤深入全面地获取真实信息。现场观摩考察的优势是直接获得第一手资料，这只有认真细致地注意各种境况、各种或明或暗的现象，通过印证

和比照，寻觅和发现蛛丝马迹，才能真正了解实情，有所收益。

⑥善于从现象中挖掘规律。观摩与考察大量触及的是现象，各种外在表现和具体活动中包含了什么特定的、值得学习与推广的规律性的东西，有什么亮点与创意，都需要观察者边看、边问、边研究、边深思。

⑦及时记录所见所闻、所思所得。采用灵活的笔记方式，把容易遗忘或深有感触之处记下来。

三、在课题研究中的应用

校本研究中的课题研究，是一种切入教育实践的、定向解决问题的应用研究。教育观察法为课题研究提供翔实的资料，有助于研究课题的选择与形成、研究假设的提出与建立、研究事实的展开与推进、研究结论的形成与论述。有许多课题研究就是借助于观察法或与其他研究方法相结合而完成的。

案例点击　两项简单易行的观察研究

一、对小学低年级学生上课时注意力集中时间和程度的观察研究

——记一次20分钟的语文字词抄写作业

时间	内容	百分比 (%)
开始 ~5分钟	全班学生，踏实认真书写，没有任何声音动作	100
5分钟后	3人开始看别人的作业，并指出别人的书写毛病	7.9
6分钟后	7人开始有动作，有的开始发愣，有的玩铅笔、橡皮等学习用具	18.4
10分钟后	20人开始有动作，有的发愣，有的开始出声	52.6
13分钟后	6人完成作业	15.8
20分钟后	14人完成作业 (24人未完成作业)	36.8
延续5分钟后	又有20人完成作业 (4人未完成)	52.6

初步分析：一年级学生在完成一些重复性记忆作业 (如字词抄写、生字抄

写等)时，最佳时间段为10~15分钟。这段时间内，学生有较强的注意力，以认真的态度完成作业。按照这一特点布置作业，能达到较理想的效果。

二、一次创设情境的实验观察

北京一位小学老师为了了解学生对班集体事务是否关心，进行了一次实验观察。她的办法很简单，就是在快上课的时候，把一个簸箕放在人人要经过的教室门口，观察一下每个同学的反应。

上课铃响了，同学们都急匆匆地陆续跑回教室。第一个学生看到簸箕，犹豫了一下，跳了过去，第二个、第三个仍然跳了过去……据说一连跳了十几个，竟然没有一个学生把簸箕拿走。老师非常生气，半途终止了这次实验观察，干脆自己把簸箕拿走，然后请同学们对这种现象进行讨论。

第三节　课堂观察的方法要领

一、讲究观察的艺术

一堂课是个"全息"的整体，它展示的信息是极为丰富和全面的。不同的观察者带着不同的目的走进课堂，对同一堂课作出的理解也就有差异。因此，观课与评课首先要解决一个看什么的问题。

从观课者的角度说，观课所得到的收获差别是很大的，决定收获大小的主观条件包括：是否具备明确的目标、研究的意识和尊重的态度，身心投入的程度及方法与技巧合适与否，等等。

(一)由目的模糊走向意图清晰

俗话说，"内行看门道，外行看热闹"，不同的目的决定不同的观察方式。作为参与教学观察的教师，当然不是外行，而应该具备内行观察者的态度和眼光，明确观察的目的，并以此把握好每次观察的侧重点。下面列举的是根据不同观察意图所确定的不同的侧重点。

全景式观察——获取多方信息，综合进行评析；

聚焦式观察——瞄准关键问题，定向深入研讨；

搜寻式观察——发现相关线索，找出突出特点；

比较式观察——比对同类表现，探寻一般规律；

诊断式观察——确定教学症结，解决相应问题。

带着明确的目的进入课堂观察，是收到良好效果的首要条件。

(二) 由理论假设走向具体指标

观察者总是带着一种理论假设进入课堂观察的，如：什么样的课算是一堂好课，课堂上教师与学生该怎么活动，等等。但是，观课教师的这种理论假设往往是混沌不清和空泛不实际的。因此，在进入课堂观察时，最好将心中的种种理论假设转换为具体的观察项目或观察指标，这样，教师观察时就能具体而微地获取有意义的相关信息。下面是著名学者弗兰德斯制订的课堂观察类目表，这是他以课堂上师生互动为重点所提出的一些观察项目。

小资料 弗兰德斯的师生互动观察类目系统表

教师的语言	间接影响	1	接纳情感：以平和的方式接纳与清理学生的积极或消极的态度、语气，包括预料到并唤起学生的情感	
		2	表扬或鼓励：表扬或鼓励学生的行动或行为，包括开玩笑以消解紧张，而这种玩笑不伤害第三者；点头同意，或者说"是吗""继续下去"等	回应
		3	接受或利用学生的想法：清理、发展或拓展学生的看法。但若教师所言更多的是自己的看法，则归入范畴5	
		4	提问：基于教师的看法提出内容或程序方面的问题，以期学生回答，教师的自问自答不在此列	
	直接影响	5	讲授：明示内容或程序方面的各种事实或观点；表示自己的看法，做自己的解释，或引证权威（不是学生）的观点	
		6	指令：给予指示、命令或要求，以期学生遵从	
		7	批评学生或维护权威：明言正告，以使学生的不可接受的行为变为可接受的行为；责骂学生；阐明自己所采取的行为之理；强调自身的绝对权威	
学生的语言		8	反应性说话：由教师引发交往，或要求学生阐述，营造情境	
		9	主动性说话：由学生主动说话。学生表明自己的看法，引出一个新的话题；自由拓展自己的观点或思想方法，比如提出一些有创见的问题；超越现存的结构	
其他			沉默或混乱：暂时中止谈话，短时间的沉默，或短时间的混乱使得观察者无法了解交谈的内容	

（三）由全景扫描走向逐步聚焦

所谓全景扫描，就是观察者要概观全局，多角度搜寻各种信息，把现象尽收眼底。当然，观察者张开的肯定是一个"理论思维"之网，这样才可能将种种现象关联起来、聚合起来，为下一步深入地观察打下基础。所谓逐步聚焦，是要求观察者根据观察目的和自己的偏好，盯住某个具体的方面或某个问题，有重点地寻觅相关的信息、有主题地组织零散信息。

（四）由一般了解走向特点追寻

观课的效果取决于"有的放矢"。除了观课者的目的与偏好会影响观课者能"看"到什么以外，一堂课或一个教师所表现出来的某些超乎寻常之处也可能成为观课者的兴奋点和"看点"。因此，观课教师也要依据课堂的实际，去寻觅和探索某堂课或某个教师的特异之处或创新之处，这样可能使观课者有意外的收获。

案例点击　马老师的"观课经"
——一位青年教师的学习笔记

马老师是我们数学教研组的组长，教书教了25年。每当马老师提出要听我们年轻老师的课时，我们又是害怕又是盼望，因为大家都说，她有一双特别能捕捉信息的眼睛，我们课堂教学中的点滴长进和微小瑕疵都会被她"点穿"。

今天，马老师在学校组织的青年教师学习会上谈了她观课的"诀窍"。她说，观课首先要有一个"打算"（目标），我来听大家的课无非有两种打算，一是全面了解情况，二是重点研究某个问题。不管出于什么目的，都总得有一个总体的认识"课"的"思维之网"，因为即使是要研究某一个特定的问题，也应当在整体的背景上把握它与其他方面的联系。

马老师先简要地介绍了她怎样全面地认识一堂课。她说，一堂课可以从三方面来分析：一是对你所教学科特点的分析，包括是否根据学科课程标准制订了明确的可检验的目标，有没有具体操作措施来落实目标，这些措施的实效如何，当目标的达成有困难时采取了哪些补救措施。二是分析课堂教学活动，这是最重要的观察点，特别是要聚焦于学生的"学"。三是要聚焦于教师的素养，包括教师的教学指导思想、教学技能以及教学机制等。

有位青年教师请马老师细一点儿谈怎样分析"课堂教学活动"。马老师说，课堂教学是教师与学生的双向互动，"教"是为了"学"，因此学生的活动是看的重点，课堂教学的效果也体现在"学"上。马老师进一步谈了怎样通过学生活动去探索教师的教学观念：

首先是"扫描课堂的动态"：课堂中学生是否"动"起来了，动口、动手、动脑了吗？教师与学生如何交流沟通，他们是否在相互作用，等等，其实都可一目了然。由此可以分析教师是否真正把教学看成"交往互动的双向互动"。

其次是"观察学生的投入"，它包括动机的激发水平，认知的活跃程度，行为发生的范围，自我卷入的状况以及心理相容的气氛，等等，由此判断教师是否认识到"学生是学习的主体和自我发展的主体"。

最后是"衡量知能的掌握"，主要是看教学的实效，看学生掌握了最重要、最基本的知识与技能没有，看学生在思想品德方面有无收益，这可以看出教师是否把教学看成"掌握课程内容的文化传递活动"。

针对有老师问"是否还要看教师怎么教"，马老师引用陶行知先生的话回答，"教的法子必须根据学的法子"，教师的教学展开是否有序和灵活，教学方法是否恰当和互补，组织形式是否配合与变化，教学媒体是否使用并有效，都要进行观察与分析，主要是看其是否能适应学生的程度和促进学生"学"的效果。

二、开动思考的大脑

有目的、有计划的观察活动总会伴随着积极的思维，思考会使观察者获得更多的收获。有时对许多现象我们视而不见的原因，可能就是思维的触角没有伸到那里。因此，有收益的观课不仅要"看"，而且要"想"。发挥思考的效能是保证观课效果的重要条件。

①由表面深入本质。课堂上出现的种种场景，都是一些现象，在现象中包含着什么规律性的东西呢？这需要观课者运用自己的理性思维去由浅入深、由表及里地寻找对现象的解释，提取出其中普遍的、稳定的联系。因此观课者不能单纯用眼睛，更要用头脑、用我们的智慧，把观察到的各

种情况加以综合，对扑朔迷离、混淆不清的现象作出判断，这样才有利于我们透过表面看本质，以达到科学的目的。

②由现象追及原因。我们在课堂上所看到的教师与学生的表现是一种"结果"，从学生的学习积极性到知识技能的掌握，从学生的活动能力到学习方法与习惯，这些表现都是教师长期工作后获得的结果。观课者要根据课堂上师生的现实表现，分析某种表现出来的结果可能是由哪些原因造成的，努力推究出一些"理由"，建构一种因果链，这样，观课的所得就可能比眼前所见要丰厚得多。

③由他人推及自身。观课时把自己放进去，看别人、想自己——别人的做法与自己的实践有什么相通之处，有什么不合适；拿自己与他人比，有什么不足之处、有什么相异于别人之处，等等，这样一联想，别人的东西就会很好地进入自己的经验系统，为我所用。

④由借鉴推向创新。观课为我们提供了很好的学习机会，能使我们开阔眼界，借鉴别人的成功经验。但是，别人上的课是与特定情境相联系的，未必适应于自己的条件和学生的学情，因此，简单地移植和模仿，常常不能奏效。观课者应当把所看到的东西与其他接触过的各种经验材料和场景联系起来，想想怎么把听课之所得，加以丰富的扩展、加以嫁接和综合、加以改造和变通，创造出属于自己的有特色的成果来。

三、做好观课的记录

观课最好是能一边看、一边想、一边记，把看到的稍加梳理和提炼，及时进行记录，便于以后研究和商讨。观课的记录同样决定于观课的目的和观课的方法，一般可有以下记录方式：

(一)定量化的数据记载方式

这种记载方式比较适合那些事先确定观察项目的结构性观察。为了取得可靠的数据，记载时可借助于预先设计的辅助工具，填写规定的内容，这类工具如分格记载表、项目定向表、量标检核表、量化统计表等。观课记录的工具还包括"录音""录像"等现代技术手段。具体的记录方法主要有：

①频次记录：记所要观察的目标行为出现的次数；

②时间记录：记所要观察的目标行为经历的时间长度；

③等级评估记录：对目标行为的表现程度作出等级评定。

小资料　观课中的结构观察研究

定量观察的一个典型例子是斯特文关于教师的提问的研究。他对不同学科的教师进行了100节课的随机观课。结果发现教师们的讲占了64%的时间，学生的讲占了36%的时间，平均每分钟教师提2～4个低水平的问题（仅靠回忆一些信息）。

许多早期的定量工作是在美国"背诵课"作为标准的时期进行的。20世纪二三十年代，人们对"注意力"产生了很大的兴趣，观课者坐在教室前面审视学生，看有多少学生不在真正专心听讲。这一点与授课内容、考试分数或其他度量标准联系起来作为评定教师的工作是否有效的依据。这些研究尚不成熟，但它们为此后的工作打下了基础。

很快，人们都承认"讲课"是课堂中的重要要素。观课的内容马上转向师生间的对话内容。早期的调查研究者试图用分类系统提炼出教师说的话的类目。威特浩（Withall，1949）拟定了7个类目：3个"学习者中心"类目（再确信、接受、提问）、3个"教师中心"类目（引导、谴责、澄清自己的行为）和1个中立类目。

这一时期，一位很有影响力的作家贝尔斯观察了一小群成年人。他设计了一个12类目的分类系统。研究者把它用于观课，因为它包括了诸如"同意""给出意见""询问建议""给出反对意见"这些类目。被观察的每一个成员都有一个编码。观察者是受过专门培训的，他们能熟练地把事件归类，并能把事件按顺序记录下来。所有这些在以后的定量观察中成为"标准化的实践"。贝尔斯发现1分钟之内可以同时发生1020件事。他的这一发现对以后的研究者的工作产生了影响。

（二）定性的描述记录方式

这种记录方式比较适合非结构性观察，它记录下来的是完整的事件而不是行为的数据。主要方法有：

①日记记录法：是一种记录变化、发展的纵向记录；

②逸事记录法：记下对观察者有价值的任何东西，而不管行为在什么

时候发生。它不受时间限制，不需要特殊的情景或环境，能在任何地方进行。它也不需要特殊的编码、步骤或图表，只是简单地记录在纸上；

③连续记录法：在一定时间范围内按自然发生顺序描述每一个行为事项，它比逸事记录法更完整，常被教师广泛采用；

④样本描述法：按事先确定的标准，对相应的行为或事件进行详细描述。

第四节 观课后的评议

评课实际上是以观察到的现象作为话题的一场对话，凭借不同观察者之间的各种意见交锋和观念碰撞，总结经验、发现规律、改进教学。评课肯定要以一定的标准或认识的框架作为参照，各位评课者的看法也可能见仁见智。但不管评论的内容如何，都要注意以下几点：

一、在对话中深化认识

这里所说的"对话"，不只是言语的应答，按照雅斯贝斯的说法，对话是"真理的敞亮和思想本身的实现"，是一种"在各种价值相等、意义平等的意识之间相互作用的特殊形式"。它强调的是双方的"敞开"与"接纳"，是一种在相互倾听、接受和共享中实现"视界融合"、精神互通，共同去创造意义的活动。评课中的"对话"，其实是一种主客位的互动，即要把执教者的说课、受教者的反应、评议者的意见联系起来，进行充分的交流和讨论，使执教者、受教者、评议者在相互作用中获得教益，提升认识水平。课堂教学的评议应讲求真诚，就是希望每一位评议者都能出以公心、与人为善，不掩饰、不挑剔，针对问题进行研究，讨论解决问题的办法，而不是评议好坏、臧否人物。

二、在相互交流中建构意义

人的固有的经验总是在与其他人的相互作用中得到修正、提升和改组的。对于一堂好课应当是什么样子，怎样上好一堂课，不同的人有不同的认识。在观课后的评议中各抒己见，进行意见交换，有利于每一个参与者将一些新观念、新想法纳入自身的经验系统，通过与原有知识经验的交融，重新建构意义，形成新认识。因此，评课要鼓励充分地陈述每一个人的看法，让每一个人都从评议中汲取营养。着眼于"建构"，就要促使执教者和评议者把停留在感受中、积淀在行动中的那些"默会知识"挖掘出来、显现出来、流动起来、传播开来，开发出潜在的智力资源。

三、在兼容并蓄中实现创新

评议课堂教学一定要以民主的精神、兼容的态度去对待各种意见，其实，教学的创新往往是在开放的、宽容的心境下整合有益的意见而实现的。

评课要尊重差异、合理要求，对初从教的新手与熟练的专家，要求应当有所不同。执教者可能有不同的教学风格和个性差异，有不同的习惯与偏好，因此，评课要客观、有分寸，"设身处境"地换位思考。评课的目的是促进创新，因此，评课要采用建设性方式，要注重激励和引导，指出问题并寻求新思路、新办法，提出改进的建议。

第五节　教育观察研究的作用

作为一种校本研究方法，教育观察所搜集到的大量有价值的资料，是构成许多研究成果的基本素材。可以说，在每项教育科研成果的形成过程中，教育观察法都功不可没。从教育观察在校本研究中的作用看，其主要体现在三个方面。

一、促进教师专业发展的实践成果

教师通过教育观察，既能深入地了解教育的对象，又能从教育对象的反应中进一步认识自己，不断提升自己的工作水平和实践能力。

案例点击 观察，造就了教师的教育智慧

特级教师霍懋征一次到外地给学生讲课，课前该班的老师担心霍老师不熟悉学生，讲课会受到影响，就给霍老师画了一个座次表，并标明哪些是好学生，以便于霍老师提问。霍老师婉言谢绝了。结果这堂课上得很成功。课后那位老师敬佩之中带着疑问："您是怎么掌握学生的？怎么知道谁听懂了，谁回答得好呢？"霍老师笑一笑，答道："我非常注意观察学生的眼睛，是他们的眼睛告诉我的。"看，霍老师不正是透过学生的眼睛了解到学生的心理活动吗？

学生在课堂上的注意力和对知识的理解程度往往通过他们的眼睛或神情表现出来。根据一些有经验教师的体会：当学生对教师所讲的内容感兴趣时，就会全神贯注，眼睛睁得大大的，眨也不眨；当他们对老师提出的问题一时疑惑不解时，就会凝神思索，眼睛盯在一处，动也不动；当对问

题心领神会时，他们的眼睛就会睁大，发出奇异的光；当对所讲内容厌倦时，他们或低垂眼帘、无精打采，或东张西望、心不在焉。

实践证明，能表现学生心理活动变化的，除了眼睛以外，面部表情、姿势动作也是非常重要的方面。所以教师还要学会观察学生的面部表情及行为反应。

二、同其他方法结合进行专题研究

很多课题研究都要运用观察法。课题研究的成果中蕴含着大量由观察获取的第一手资料，特别是当观察法与其他方法结合起来运用时，就能更好地保证研究的效果。

案例点击 一个观察与实验相结合的著名研究

美国科学家做过一个有趣的有关情感智力(俗称情商)的跟踪实验，发现从四岁的小孩子对一颗棉花糖的反应，就能预知这个小孩的未来。

研究人员把小朋友们一次一个地带到房间里，并分别拿了一颗棉花糖给受测试的小朋友。受测者可以有两种选择：如果马上就吃，只能吃到一颗棉花糖；如果等研究人员离开20分钟后回来时再吃，那时便可以吃两颗。

此后研究人员就开始了观察。有些小朋友在研究人员前脚刚离开时，就把糖吃了；有些小朋友在研究人员离开之后，忍耐了一阵子便投降了；而有些小朋友则是用尽各种方法去抗拒糖对自己的诱惑，有的闭眼睡觉，有的哼歌，有的玩游戏，熬过20分钟后，终于在研究人员回来时得到了两颗糖的回报。

多年后，这群孩子到了青春期，研究人员继续追踪，发现当年能忍受棉花糖诱惑的小朋友，长大后多半较受欢迎、较能适应环境、富有进取心和竞争性、有自信、值得信赖；而对棉花糖的诱惑竖起了"白旗"的小朋友，长大后显得较孤单、固执，易受挫折，不敢面对挑战。

这些孩子高中毕业后，当年能抵制诱惑者考试的成绩比不能抵制诱惑者考试的成绩平均高出210分。(具体情况见下表)

	语文	数学	合计
抵制诱惑组	610	652	1262
被诱惑组	524	528	1052
相差分数	86	124	210

三、系统观察形成理论著作

充足的系统的观察所得，有助于观察者深化对客观世界的认识，从中抽象出科学的原理和规律。这样的事例在教育科学研究中是屡见不鲜的。

案例点击　几个运用观察法研究的范例

著名心理学家皮亚杰在他的研究中就大量地运用了观察的方法。他常常在家里、学校以及儿童的游戏场所等地方，在儿童自然活动状态下观察研究儿童，他的"临床法"更是要求研究者善于通过观察去研究儿童。认真的观察和深入的分析研究，使他发现了许多极其有价值的儿童发展规律，从而为儿童教育提供了心理学依据，影响到整个世界。

苏霍姆林斯基一生写了很多著作，大部分资料是靠长期的观察得来的。他为了研究道德教育问题，仔细观察并研究"差生"和"调皮学生"的心理状态、行为表现，曾先后为3700名左右的学生做了观察记录，能够指名道姓地说出25年中178名"最难教育"的学生的曲折成长过程。

我国著名的幼儿教育专家和儿童心理学家陈鹤琴，用日记的方式，从他的第一个儿子陈一鸣出生之日起，就逐日对其身心变化和各种刺激反应进行周密的观察，并作出详细的文字记载与摄影，连续追踪观察808天，积累了大量的研究材料，并于1925年出版了《儿童心理之研究》一书。他在《家庭教育》里所提出的101条家庭教育原则中，有73条原则就是从教育儿子陈一鸣的过程中总结提炼出来的。

第六节　教育行动研究简述

教育行动研究是一种适合实际教育工作者运用的应用研究方法。它是质性研究模式的一个典范。我国学者陈向明在分析研究的发展趋势时指出，质的研究越来越重视行动研究，强调让被研究者参与到研究之中，将研究的结果使用于制度和行为的改变上。

一、教育行动研究的由来

行动研究就是一种通过教育实践者和科研人员合作探索，用实践行动解决现实问题的研究方式。行动研究有两个来源：一是1933—1945年间，柯立尔研究印第安人与非印第安人之间的关系问题时，主张实践者为解决自身问题而进行的研究；二是20世纪40年代美国社会心理学家勒温对人际关系的研究。直到1950年，经过前哥伦比亚大学师范学院院长考瑞等人的倡导，行动研究才进入了美国教育科研领域。在我国，自1984年陈立教授将"行动研究"的概念引入教育心理领域后，各种研究和运用才日渐昌盛。

二、关于教育行动研究的论述

对于教育行动研究，有过种种表述。

行动研究的创始人勒温认为，行动研究是指科学研究者与实际工作者的智慧与能力结合在一种合作的事业上。该定义是从研究者的角度考虑的。

柏莱克威尔认为，所谓行动研究是一种研究方法，其研究对象是学校中的问题，其研究人员是学校教职员，其研究目的是改进学校的各项措施，其重要性在于企图使教育实际与教育理论密切配合，且能给实际工作者以深刻的印象。该定义结合研究者、研究对象、研究目的一起考虑，从意义上来说比较完整。

柯立尔认为，行动研究即行动者用科学的方法对自己的行动所进行的

研究。该定义强调用测量、统计等科学方法来验证假说，所以又称为技术性行动研究。它强调科学性。

斯腾豪斯认为，行动研究即行动者为解决自己实践中的问题而进行的研究。它强调对教育实践的改进功能。

凯米斯提出，行动研究即行动者对自己的实践进行批评性思考，以"理论的评判""意识的启蒙"来引起和改进行动。它突出了行动研究的批判性。

还有不少提法，但它们基本上大同小异。把它们概括起来，可以认为，行动研究是在实际情景中，由实际工作者和专家共同合作，针对实际问题提出改进计划，通过在实践中实施、检验、修正而获得研究结果的一种研究方法。

三、教育行动研究方法的理念

教育行动研究渗透着两个基本的理念：一是从经验中学习。行动研究主张，为提高教师专业实践水平，在重视专家研究和理论知识学习的同时，更应重视教师运用所学习的知识对自身教育教学实践中具体问题（即自身的实践经验）作出多层次、多角度的分析和反省。"从经验中学习"即通过各种方法、策略去研究自身的实践经验，以获得对实践情境的理解和改进。二是实践者是研究者。行动研究主张，不但要提倡"研究者"深入到教学实践第一线中去，而且更重要的是要使教师同时成为自己实践情境的"研究者"，通过行动研究把职业理想和科学理想统一起来，使教师既开放性地不断改进教学实践，又通过批判和修正不断提高对教育实践情境的理解水平。

第七节　教育行动研究的特点

一、教育行动研究的基本特征

教育是一种社会实践活动（具体行动），教育行动研究就是围绕教师的教育行动展开的，所以有人把它称为教师的"行动之旅"。也有很多学者把它称为"对教育行动的研究""在教育行动中研究""为教育行动而研究"。我国学者刘良华认为，教育中的行动研究是一种基于研究的问题解决过程；其研究的主题源于学校环境的脉络；实施过程兼具研究与行动两大侧面，主持者兼具研究者与行动者的角色；研究结果要体现在具体的改革实践之中。"教育行动研究"的特点可以概括为参与、改进、系统、公开。

教育行动研究之所以成为校本研修中深受教师欢迎的一种可行的路径，是同它以上特点分不开的。具体说，那就是：

首先，它是一种把"行动"和"研究"结合起来的方法，它要求教师结合自己的教学状况在行动（即教学实践）中研究和解决问题，从而保证研究工作的实际意义。

其次，它是一种旨在改进的方法，比日常经验总结要完善，因为它要求教师对有关情况进行充分的了解，依据有关理论认真思考，按计划谨慎行动。

再次，行动研究主要适用于教师教育教学实践中"此时此地"的情境，以便更好地改善自身的实践。

最后，行动研究倡导科研专业人员与教师在全过程中的合作。

我国学者施铁如曾从七个方面概括行动研究的"行动"的特征：从研究目的看，是为行动而研究；从研究对象看，是对行动进行研究；从研究环境看，是在行动中研究；从研究人员看，是行动者进行研究；从研究进程和方法看，是边行动边调整；从研究范围看，是研究者所涉及的行动领域；从研究结果看，是行动的改进与发展。

二、教育行动研究同教育经验总结的区别

校本研究常以经验交流或经验提升的方式展开，如观课、说课、评课，集体叙事与案例开发，专题经验的总结，等等，这些研究的方法同教育行动研究相比较，主要是"规范性"的程度有所不同。

教育行动研究强调对具体问题作专业概念和因果关系的定位，从而形成比较清晰合理的研究框架，研究成果的行文也有一定的规范。而教学经验总结在这方面则有所欠缺。教师写的文章有时给人以"理论性"不强的

感觉，原因可能主要在这些方面。

教育行动研究与教学经验总结的区别

研究过程	教育行动研究	教学经验总结
问题的提出	重视理论和课程标准的参照作用，研究的问题感较强，重视对问题的初始调查	问题的主观性和随意性较强，缺乏理论的支持，问题的焦点比较模糊
问题的归因	重视理论和经验的启发作用，以实证的调查为最终的依据	主要依靠主观推断和臆测，有时甚至未经适当归因，就提出措施并行动
措施与行动	措施建立在调查归因的基础之上，并体现在课堂教学和班级管理的行动中；注意收集日常资料	传统的教研活动主要集中在这一部分，如措施要结合到备课和教案中去，日常资料的收集包括课堂实录、课后记、教学日记等。措施与行动的展示与交流还会涉及上示范课、评课与说课等活动
评估与反思	重视在实证观察的基础上对措施和行动的有效性进行评估与反思	比较缺乏，即使有，也缺乏实证材料的支持，而且往往正面的评价居多，反思的成分较少

第八节　教育行动研究在校本研究中的应用

　　教育行动研究在学校中的应用极为广泛，只要有自觉教育行动的地方，就可以进行教育行动研究。事实上，行动研究已经和课程改革、学校教学革新、教师专业成长、质地评鉴等结合起来，成为引导学校教育革新的一种途径，它不仅能解决学校教育中的各种实际问题，而且能使教育者在研究经验中获益。

一、教育行动研究的应用领域

　　从已有的实践经验看，教育行动研究已经进入教育活动的许多领域。

就如著名学者蔡清田所说，教育行动研究的范围，包括教育行政管理、学校经营措施、课程研究发展、教学方法、学习策略、学生行为改变、学习态度与价值观、教师在职进修、教学媒体的制作、设备器材的规划使用、班级经营、教育实务效能的提升与评鉴程序等。教育行动研究往往强调以学校或教学中亟待改进的问题为研究内容，以提升教育水准为目的。

具体而言，教育行动研究已运用于以下诸多方面：

①教育决策、行政管理、教育评议与学校经营等；

②课程行动研究，如课程设计、课程实施与变革、教学资源开发等；

③教学改革与创新，特别是课堂教学策略与方法的探索；

④班级工作，如班集体建设、思想品德教育等；

⑤学生教育，学生的思想与行为、个别教育、心理辅导等；

⑥教师的专业发展，如教师的学习、进修、反思与培训等。

二、教育行动研究的具体要求

许多学者曾分析过影响教育行动研究的主客观因素。从教师作为研究者的角度讲，教师必须具有作为研究主体的积极性与素质，包括问题意识、探究热情、专业自觉与自信、合作精神等。从客观条件的角度讲，应当有丰富的资料作为前提，加上专家的指导与各相关部门的合作与支持。具体来说，教师和学校方面需达到以下几个方面的要求：

首先，每个教师都擅长一种或多种研究技巧。最好是具备多种技巧综合运用的能力。例如：有些教师能够搜集和解释数据，有些教师则能够清晰地记录下课堂中某些关键环节，有些教师可能了解问题设计方面的知识，有些教师则具有天生的访谈本领。在进行研究时教师充分发挥各自优势是很关键的。

其次，学校要为行动研究提供必要的物质设备，以保证其顺利完成。

最后，随着研究的开展，任何研究问题的基本阐述都应得到明确的验证。因为这些问题的阐述限定了调查范围，所以显得很重要。举个例子，一位教师通过运用行动研究解决"怎样更有效地开始一节课"这一问题，那么研究就要围绕着课堂开始时的前几分钟来进行。在此研究中，所要搜集的信息很大一部分由所研究问题的阐述来决定。

三、如何提高教育行动研究的应用水平

教师运用教育行动研究方法进行校本教研时，常常出现两个误区：一是忽视教育行动研究中多种方法的整合和互补运用；二是忽视理论在行动实践与经验总结中的作用。

首先，教育行动研究涉及了各种具体的方法和技术，如观察法、调查法、测量法、叙事法、案例法及实验法等，都可以用于行动研究。

其次，教育行动研究方法自身存在某些局限，需同其他方法相互配合和补充。蔡清田就指出，教育行动研究具有实务的限制性、时间的局限性、类推的有限性、资料的短缺性等。郑金洲教授认为，行动研究常以具体实际情况为限，研究的样本受到限制，代表性不够广泛，对自变量的控制性很少，因而内外部效度都显得不够高，在某些方面不够严格，不符合科学的要求。考虑到这一点，行动研究不能取代其他的研究方法，而只能作为其他研究方法的一种补充。"

最后，还要特别提到的是，教育行动研究不能只有行动而没有研究。行动与研究融合的关键是，在理论指导下实践，在研究状态下行动，把理论与实践紧密地结合起来，努力提高实践经验的理论概括水平。

第九节　教育行动研究的步骤

实施行动研究必须遵循基本的要求，我国有的学者提出行动研究的实施原则是：行动、合作、弹性及不断考核与检讨。行动研究实施的具体步骤与程序并无硬性的规定，不同的学者，如勒温、柯雷、凯米斯等都曾提出过不同的实施框架。

一、教育行动研究的一般流程

基于校本研究实践，我国很多地方在吸收和运用国内外成果的基础上，概括出各自的教育研究的实施框架，如上海市教科所提出了三种操作模式："确定问题——寻找解决问题的方法——应用解决问题的策略——结果分析——理论发展"的模式，"问题筛选——理论优化——实施和反思"的模式和"计划——实施——反思"模式。

有的学者提出以下的"教育行动研究"流程示意图：

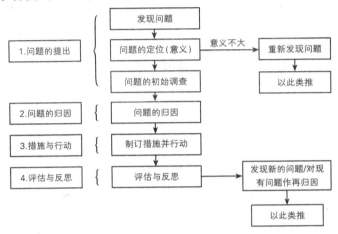

以上教育行动研究流程示意图，可用下面的观点表述：

①教师应养成从自身的实际工作中去发现问题的习惯。教师要敢于提问，善于提问，并将问题作为教育行动研究的课题去研究。

②教师在确定研究的问题之后，应该以问题为中心，并追本溯源，在分析问题的原因的同时，明确解决问题的意义。关键是使研究有明确的中心和范围，从而提高研究的逻辑性和可行性。

③要重视对问题的初始调查，一方面确定问题在实际工作情景中的严重性、程度如何及解决问题的迫切性，另一方面也为具体措施与行动的成效评估提供初始参照。

④问题的归因主要有理论、经验和调查三个方面的来源，其中前两者

为研究者反思自己的工作、找出调查重点提供线索和启发，而调查的来源是问题归因最可靠的和最终的来源。

⑤措施与行动是教育行动研究是否落实到教师的实际行动中去的主要指标。措施应该与问题的归因结果相对应，行动应该有具体的教案、课后记、课堂实录及活动实录的支持。

⑥应该重视对措施与行动的成效通过初始值和阶段值的比较作出的评估，以明确新措施的实施是否解决了当前的问题。

⑦教育行动研究小课题结束之前，研究者还要进行两个方面的反思：一是措施的副作用分析；二是措施的替代分析。从中去发现新的问题，或对成效不显著的当事对象进行初步的再归因，为下一轮教育行动研究奠定基础。

二、教育行动研究的基本要素

行动研究没有整齐划一的模式。美国学者温特认为行动研究的关键过程可以用三个词来表达："观察""反思"和"运用"。我国学者余文森提出，校本研究中的教育行动虽然并不要求按照什么固定的框架行事，但仍须遵循研究的基本规范和程序，这是其区别于一般教育教学实践活动的地方。概括地说，校本研究一般包含以下几个要素。

(一) 问题

研究总是从问题开始的，但教育中出现的问题能否成为研究的问题，关键在于教师是否具有问题意识和探索精神。教学研究中的"提出"问题实际上是一个过程。它是一种"参与""介入"的态度，提问者已经"把自己摆进去"。这种"把自己摆进去"意味着提问者已经成为此问题的参与者，而不是旁观者；也意味着提问者已经成为此问题的当事人，而不是随意地提出一个问题，甩手等待专家来解决。校本行动研究所指向的教学问题是教师自己的问题而非他人的问题，是在学校里发生的真实的问题而非假想的问题。教师还要进一步把自身发现和提出的问题转化为教师群体共同关注和思考的问题，把学校里发生的真实的问题概括、提炼、升华为有价值的课题。校本研究强调自下而上地形成课题，但也绝不排斥对学校改革和发展具有导向价值的自上而下的课题。

（二）假设

假设指的是解决问题的一种方案、设想、构想、策划。任何假设都具有假定性、科学性和预见性。所谓假定性是指它具有推测的性质，即这种假设是现实中暂不存在的或未被确认的，或虽见于彼处却未见于此处的，它可能被实践证实，也可能证实不了。因此，假设决定了研究的探索性；但是假设又并非臆断，它以科学理论为导向，以经验事实为根据，又经过研究者的论证和交流，是一个对理论进行鉴别与优选的过程。

假设也是一种走在行动之前的思想、一种先于事实的猜想，是研究者从思想观念上对未来的洞察和把握，所以它能使研究活动更富有预见性，且避免了研究的盲目性。

在假设的基础上不妨做一个研究方案，以便于实施。

（三）行动

行动是将设计方案付诸实施的行为。对教师而言，行动意味着改革、改进和进步，以及做具体实在的事。行动需遵从以下原则：

第一，验证性。检验设计方案的可行性。所有的设计在行动之前都只是一种假设，它的科学性、有效性是需要实践来检验的。

第二，探索性。发现和寻找各种新的可能性。行动绝不是按图索骥的机械活动，而是一种积极寻找和探索解决问题、达到目的的最佳途径和最佳策略的过程。这意味着教师在行动时，不能拘泥于事先的设计，而要根据实际情况，随时对设计作出有根据的调整、变更。

第三，教育性。服从、服务于学生的成长和发展。

（四）总结

总结在校本研究中既是一个螺旋圈的终结，又是过渡到另一个螺旋圈的开始。在总结这个环节中，教师作为研究者主要做以下几件事：

第一，整理和再造。对已经观察和感受到的，与问题、设计和行动有关的各种现象进行回顾、归纳和整理，其中要特别注重对有意义的细节或情节进行描述和勾画，进而在思索中再造，使其成为教师自己的教育故事或教学案例。教师作为研究者，要"做自己的事""说自己的话"，这是校本研究改变教师职业生活方式的关键。

第二，评价和归纳。在回顾、归纳和整理的基础上，对问题、设计与行动的过程和结果作出判断，对有关现象和原因作出分析和解释，探讨各种教学事件背后的理念，揭示规律并作归纳，以提高认识、提炼经验。

第三，更正设计。针对原有方案及其实施中存在的各种偏差或"失误"，根据新的感悟、新的发现、新的认识和新的思考，修改原有方案或重新设计方案，并付诸实施，进行进一步的检验、论证和改革探索。校本研究的目的是改进和改正，是一个不间断的自我修正、自我完善的过程。所以，任何总结，都只是意味着一个新的开始。

总之，教育行动研究过程就是"问题——设计——行动——总结"的循环往复、螺旋上升的过程。每一个循环圈的时间可以是一个学段、一个学年，也可以是一个单元甚至一节课。当然，在实际运行过程中，四个环节也不是固定不变的，渗透、交叉、变通都是可能的。

案例点击　以师爱化解学生对学校生活的恐惧

问题发现：学生 P 在校内外反差大

一天早上，我看见班上的 P 正对送她上学的父亲大发脾气，样子很凶，完全不像平时一副胆小怕事的样子。印象中 P 好像对老师有畏惧感，从来不敢正面看老师，不敢大声说话，课堂上很少发言，很少欢笑。

为什么反差这么大？

问题症结：解读

询问 P 的父亲，我得知 P 在家里很任性，常对父母发脾气，有时还同母亲对骂对打。P 在上学路上常常赌气而来，但一到校门口遇见老师，马上会住口收敛，紧张得不得了。P 的母亲来参加家长会，我又了解到 P 在幼儿园时调皮好动。有一次因为扯小朋友的小辫子受到老师惩罚，罚她待在厕所里。吃过中午饭老师才想起来，她整整哭了两个小时。她母亲回想说，她好像从那时起性情开始发生了变化。

我猜想：可能是幼年这段不正常的经历深深刺激了 P，导致现在的她对学校和老师心怀恐惧；她爱在家里发泄，也许又跟她在学校里过得不愉快有关。

问题解决：转变

这样的猜测对不对，我心里也没数。但是，不论什么原因，当务之急是帮助她消除在老师面前和学校生活中的紧张感。

1. 对策与方案设计

(1) 建议 P 的父母耐心对待 P，多给予其鼓励，不训斥。

(2) 不让她觉得老师和她交流是在教育她，改变居高临下的教育方式，建立起相互之间的信任感。具体办法是在课堂上轻松对话和交往，与她进行闲聊似的交谈。

(3) 引导她体会教师的关爱，最后引导她改变对父母的态度。

2. 方案实施

(1) 辅导性谈话：设法接近她，寻找与她闲聊的时机。

(2) 创造更多的机会让她参与课堂英语对话，鼓励她大胆参与。她开始变化：在家里喜欢谈论自己的老师了，对父母的态度有所好转，但还任性和大发脾气。

(3) 教育性谈话：在好转的基础上与她直接探讨对父母的态度。

3. 实施效果

P 同以往大不一样，主动举手发言了，还能与同学创造性地表演对话，神情也比以前轻松愉快多了，在家里的脾气也有所改变，但还无证据表明关心与体谅父母有实质性进步。

4. 反思讨论

我感到教育工作实在是一件感情与理智相互交融的工作。对学生缺乏爱心或关爱不得体，就难以赢得学生的信赖，更不用说引导他们逐渐学会关心他人了；另外，对学生的内心需要和行为问题要有敏感性、洞察力、理解力。教育工作是一项非常困难和艰苦的工作，又是一项有创造性的、非常吸引人的工作。

我的一些行动策略是成功的，但也有遗憾。"教育性谈话"的效果不明显，P 对父母的态度尚无实质性改变。那次教育性谈话设计还不够精细，错失了一次机会。这些方面确实可以作为我们教育上的努力方向。

这是一个教育行动研究的案例，很能说明行动研究的大致过程——教师日常的行动研究，通常以发现自己教学中的问题或学生的问题为开端，进而分析问题产生的原因，想出解决问题的策略，然后实施这种策略，并在实施中反思策略得当与否、问题解决是否完善，进一步调整行动策略，如此循环，直到问题解决。行动研究的先驱者——心理学家勒温认为：行动研究是由许多回路所形成的反省性螺旋，其中每一回路都包含计划、事实资料探索或侦察以及行动等步骤。每一个"研究——行动"回路常会导致另一"研究——行动"回路的进行，返是一个连续不断的历程。自勒温之后，行动研究的主要倡导者大都遵循勒温提出的螺旋循环概念或略有修正，但原则上都认可行动研究的展开过程是"观察——计划——行动——反省"的循环。

三、教育行动研究的具体工作

（一）妥当安排行动研究计划

教育行动研究是同工作结合在一起进行的，制订一个研究计划可以提高研究效率，可以作为"行动之旅的指向"，明确"我要进行的研究是什么"，促使研究者在研究过程中不断进行实践反思和行为调节。

一份比较合适的行动研究计划应当包括：

①研究的问题。行动研究要集中于亟待解决的问题，具有针对性。

②研究的设想。设想就是关于怎样解决问题的假设，强调的是在展开的过程中，用怎样的方法将行动与研究结合在一起，使问题得到比较好的解决。

③过程的规划。需要规划的是行动的过程，以及伴随在一起不可分离的讨论、反思、调节、资料的搜集积累等研究过程，行动与研究是融为一体的。

④研究的大致时间表。由于行动研究中研究与工作改进是同步的，所以研究的时间具有一定的灵活性，可以适当地缩短或延长。

⑤技术性的问题。怎样进行资料积累、处理等。

从理论上讲，一项研究的行动计划和研究计划应该是分开的，但从教师行动研究的实际来看，两者却是结合在一起的。一个大家能比较认同的行动研究计划中的行动，包括实践过程的各个环节；计划中也应该有研究、设想、反思、调节、资料积累等。

总之，当研究的目标和解决的实际问题游离时，不是好计划；当工作目标完全取代研究目标时，行动研究就没有研究而只有行动；计划有大有小，要根据实施的时间长短来加以考虑。

(二) 不断澄清问题

教育行动研究的目的是解决实践中的问题，行动与研究在研究过程中是密不可分的，有时容易混淆行动与研究，因此我们在思考研究的目标时，还是应该将工作与研究适当地剥离。

下面所呈现的是学校里教师们在进行的一个研究。

案例点击　"后进生"产生的原因及转化策略研究

C中学是区里面需要重点加强的十二所薄弱初中之一。薄弱的重要原因之一就是生源差，学生的入学成绩低，相当比例的学生来自单亲家庭或贫困家庭，绝大多数学生的家庭教育条件较差。因此，"后进生"问题是困扰C中学发展的首要问题。在对学校现实问题进行深刻分析的基础上，校长决定成立学校教研小组，将"'后进生'产生的原因及转化策略研究"作为研究的问题。

课题开始启动时，教师们只是感觉'后进生'问题是非常值得研究的，但对该先研究哪一方面的具体问题，采用怎样的策略并不清晰。后来，学校成了上海市教科院普教所的基地学校，在科研人员的建议下，学校倡导教师写教育案例，回顾、分享各自的教育教学经验。在交流、讨论中，教师们发现原来一团乱麻的后进生问题，一下子聚焦成了三个问题：学生、家长和教师心目中的"后进生"和"好学生"；当学生犯了错以后，教师该做怎样的决策；教师应该怎样关注不同的"后进生"。

之后教师们以年级为单位，根据不同年龄段学生的不同特点，选择不同的研究问题，并且确定了共同观察的对象，定期组织交流心得、经验、研究的进展。

目前研究还在继续之中，不知将来会发生什么，但有一点是肯定的。那就是在不断的研究中，认识被不断地刷新，解决问题的策略不断清晰，教师们对"后进生"的认识也渐渐发生了变化。

教师行动研究的过程，是不断澄清研究问题的过程，也是不断探究问题解决策略的过程。如果我们将上述这个很现实的例子详细地解剖，就可以看到在行动研究过程中，教师经历了这样几个阶段：一是通过调查研究，发现与之相关的多个问题，并找出关键问题；二是通过一定的方法，在尝试解决问题的过程中，将问题聚焦，在可能的范围内对问题进行进一步定

位；三是从已经解决或尚未解决的问题中引出新的问题。这是一个深化研究的过程，很多时候也是一个新研究的开始。当然，这一过程并不是并行的，而是交替进行的。

（三）选择适合的解决问题的方法和途径

行动研究是一种具有兼容性和开放性的研究方式。从事行动研究时要根据实际情况选择适合的解决问题的方法和途径，需要兼用多种研究方法，诸如个案研究、教育观察、调查研究、经验总结、实验研究、比较研究、文献研究、教育测量等，凡是能够改进行动的方法都可以运用。从根本上说，行动研究法是一种研究理念，是以教师为主体的研究。对教师而言，方法并无难易之分，只有适合与不适合。行动研究解决问题的方法是多样的，获得方法的途径也是不同的，但是可能要留心以下几点：一是要学习别人的经验，学习先进的理念；二是教师之间要相互切磋与研讨，弥补各自的缺陷，发挥各自的优点；三是要将反思贯穿于整个解决问题的过程中，要将实践的方法、途径同研究计划、目标追求等不断进行对照，以确定选择怎样的方法与途径。

（四）详细搜集和积累行动过程中的各方面资料

教师的行动研究过程就是一个边总结、边研究、边积累资料，逐步提升认识水平的过程。积累资料的过程是分析情况的过程，也是教师专业素养提高的过程，因此搜集和积累资料是行动研究的一个重要环节。积累资料时首先要做有心人，重视实践中的反思，凭事实说话，关注实践中的细节，呈现我们研究中所走过的每一步。

（五）撰写研究报告，进行经验分享

撰写研究报告是进行研究的必要过程。教育行动研究要在对行动过程进行充分反思的基础上，找出导致行动结果的深层原因，找出行动与结果之间那些稳定的、规律性的关系与联系，对材料与观点进行梳理、归类和总结，形成行动研究的报告。行动研究的报告和学术研究报告应该有所不同。行动研究的报告必须依照研究的内容，以别人最清楚易懂的方式呈现，让其他教师看了之后，能够立即明了研究者的方法与结果。教师行动研究的报告不是学术研究报告，它应当具有与教师群体分享经验和公开研究成果的效能，以便推广和改进。

第十节　教育行动研究的成果

　　教育行动研究是一种以教育实践者为主体、以解决教育工作中的实际问题为目的、融"行动"与"研究"为一体的应用性研究，其涉及的范围可以是教育活动的诸多领域。因此，教育行动研究的成效主要表现为"行为的改善"。在学校管理上，行政效能有了提高，制度规范更加完善，学校发展更具活力；在课程行动研究中，形成了新的课程方案，构建了新的内容系统，促进了新课程实施，开发了新的课程资源，等等；在教学改革方面，教学的模式、策略、手段有了创新；在教师专业发展上，教师责任意识、业务能力、专业素养有了提高；在学生发展上，学生学习的积极性被激发，学生素质有了提高，学生学到了自主、探究、合作的学习方式，等等。总之，教育行动研究获得了实实在在的工作成果。

　　教育行动研究的工作成果有时需要用某种载体或物质形式表现出来，这时，就会形成一系列文本，主要有：

　　①事实性成果。如各种观察、调查、试验的资料汇集，个案、事例、考察记录，等等。

　　②工具性成果。如规划、方案、制度、标准之类，以及地方性教材、校本教材，等等。

　　③经验性成果。如教师的各种经验总结、反思笔记、教育随笔、典型案例等。

　　④理论性成果。如课题研究报告、专著、论文等。

案例点击　优化学生课堂讨论效果的行动研究

一、问题的提出

（一）实际工作中的问题与困惑

　　课堂讨论是帮助学生互相学习，提高学生学习能力，培养学生思维品质的一种手段。它不仅能够激发学生的学习兴趣、提高课堂教学效率，还能培养学生的个性。因此，我在平时的课堂教学中，经常组织学生讨论，但学生讨论的参与率比较低，大部分学生只是在扮演观众的角色，坐在那儿一动也不动，等待尖子生回答，没有融入到讨论的气氛之中。讨论流于形式，陷入平面化的怪圈。

（二）问题的聚焦与定位

优化课堂讨论的效果，进而提高课堂教学的质量。

（三）问题的严重性调查

在四人一小组的讨论中，一般只有50%的小组讨论比较热烈，讨论不热烈的小组参与率比较低，往往冷场。讨论热烈的小组中也只有19%的学生能比较充分地发表自己的意见和看法。班干部和尖子生只顾发表自己的看法和见解，而没有组织小组全体成员参与讨论；学习有困难的学生很少有发表意见和提出问题的机会。部分小组在讨论时甚至呈"顶牛"之势，降低了信息交流和思维碰撞的价值。

二、学生难以展开讨论的原因

那么，问题的症结在哪里？我们从不同的角度进行了思考分析。

（一）学习氛围不够民主

课堂教学是双向信息沟通的过程。教学中，教师要充分发扬民主，尊重学生，使教学活动充满激情、灵感，弥漫人情味；要尽可能多地给学生思考的时间和余地，激活讨论气氛。

（二）教师没有把握合适的讨论契机，未采用合理的组织方式

课堂讨论的效果的好坏与教师组织才能的高低、教师教学观念的新旧以及教师对学生了解的深浅等有着密切的联系。

（三）没有建立合理的讨论小组

将优等生与学困生编在同一组，降低了学困生的讨论积极性。

三、优化课堂讨论效果的措施

（一）善于把握课堂讨论的契机

课堂讨论的成败很大程度上取决于教师是否把握了课堂讨论的时机，是否组织了合理的讨论小组。一般来说，学生在学习知识的部分与部分、部分与整体的关系以及区别不同点与相同点时，在学习教材的重点、难点时，在概括学习内容、发现规律、提炼思维精华时，在新授课之后判断某些数量关系时，教师组织学生开展讨论，能够引起学生的浓厚兴趣，并使学生产生良好的学习效果。

（二）合理组建学习小组，创设良好讨论氛围

组织学生进行课堂讨论，不能放任自流，这就要求教师必须具有较强

的控制课堂气氛的能力。在组建学习小组时，可以四人一组或同桌两人为一组，采用集体讨论、小组讨论和同桌讨论等不同形式。譬如，在教授"长与短"时，教师提出了这样一个问题："你是怎么知道这些物品有长有短的？"让学生通过小组合作，探究比较长与短的方法。学生说出了各种不同的方法，有的说"我是看出来的"，有的说"我是把它们横着平放在桌子上一端对齐比另一端的"，有的说"我是把它们竖着戳在手心上来比的"，还有的说"把它们的两头都不对齐也能比较出来"。学生由于观察、比较的方法不同，得出的结论也各不相同，但是这些结论都是有道理的，都要给予肯定。

（三）挖掘教材，开展深入的探讨活动

教材是专家编写的供教师和学生进行教学活动时使用的材料，有一定的抽象性。教师要认真钻研和熟悉教材，把蕴藏在教材中的知识点挖掘出来，组织探讨活动，以培养学生的研究能力。比如计算4+1=？时，以"四人学习小组"为单位，由教师引导学生交流各自的算法，不同的学生就有不同的算法。有的学生是掰手指1、2、3、4、5数的，有的学生是从4开始，再往上数一个数(4、5)，还有的学生是利用数的组成的知识得出4+1=5的。要肯定学生的不同思考方法，然后再引导学生讨论：这几种算法中，你认为哪些比较简便？从而使学生初步认识到利用数的组成的知识来计算比较简便。又如，在教授不同标准的分类方法时，以小组为单位，要求每个学生把自己的铅笔全部拿出来，然后互相交流、讨论，看看可以怎样分类。有的学生是按铅笔的颜色来分的，有的是按铅笔有无橡皮头来分的，有的是按铅笔有没有被削过来分的，还有的是按铅笔的长短来分的。

（四）故意示错，开展探讨活动

教师在课堂教学中，根据教材内容的重点、难点或学生容易出现错误之处，故意设置错误，引导学生去探究，让学生来纠正，这对保护学生创新意识、培养学生探究能力大有好处。如讲解数学教材第31页的思考题时，教师得出结论：右边小猴的桃子比左边小猴的桃子多。有的同学看了书以后马上反对，教师则"坚持错误"，要求学生拿出事实依据来。学生兴趣很高，通过小组讨论，他们跟老师据理力争，教师终于"认输"，并得出结论"不能确定右边小猴的桃子个数肯定比左边小猴多"，还向学生"道谢"。学生通过讨论，经过跟老师的一番智力"搏斗"，最后战胜老师，"夺取"知

识。这样的活动，学生不仅仅得到了知识，更增强了自信心，培养了科学的探究精神。

（五）开展争辩式的讨论

教师通过整理学生对同一问题所持的几种不同看法，把见解、观点一致的学生编成组，然后各组之间进行争辩式的讨论，充分拓展学生思维的活动空间，让学生大胆抒发各自的见解，在你来我往的交锋中，使正确答案显露出来，加深学生对问题的理解，释放并矫正错误信息。当然，这种争辩式的讨论方式可以从学生个体出发，扩展到全班，形成一个大范围的讨论。这种争辩式的讨论方式较多地运用于两难或多结论的课堂讨论中。

包括事实在内，所有学科中的问题都可以成为讨论的主题，讨论的价值在于讨论过程中学生自己对事实的清晰、准确表达，倾听并评价他人对同一内容的不同表达形式，最终获得准确的表达形式；同时，讨论有助于培养学生搜寻新信息，调整思维方式，进一步发展和完善自己的思维品质。

在教学实践中，我们认识到，课堂讨论不但满足了学生爱动、好玩、乐于交往等心理需求，同时还赋予学生其他教学法所无法赋予的民主性与自主性，为学生提供了展示自我、体现个性的良好机会。此时，他们的思维处于开放状态，不同的见解、不同的思路使他们可以广泛地进行交流，并且得到及时的反馈，从而有效地使学生的认识趋于完善。课堂讨论还使部分较为内向的学生逐渐适应讨论这种氛围，渐渐地敢于谈自己所想，而不至于常常处于被动消极的聆听吸收状态；部分外向的学生则能够在讨论中学会尊重别人的意见，在解决问题的过程中逐渐趋向于谦虚和宽容。对于少部分学习目的不明确的学生，课堂讨论也提供了一定的指向性，弥补了无向思维的不足。

四、阶段性评估与反思

经过一个学年的尝试，我们的探索取得了良好的效果。在课堂教学中，大多数学生会积极地参与讨论；只有少量的学生由于个性内向、胆子太小，不敢热烈地讨论。与第一次调查相比，显然有了进步。当然，讨论的深入程度还不够好。下一步重点是培养学生主动、深入地探究问题的能力。

第三章　教育叙事研究 和教育案例研究

叙事研究是近年来在我国教育领域兴起的一种质性研究方式。"叙事"，人们并不陌生，它同说理、抒情一样，都是人类表达自己感受的一种与生俱来的方式。在人类久远的时空历史上，叙事与抒情、说理一样，已经成为文化传承及再生的基本方式，它们构成人之所以为人的根本标志。

第一节　教育叙事研究的诠释

一、叙事与叙事研究

"叙事"一词常用于文学领域，是创作的一种手段，指叙述按时间先后顺序所发生的事情或事件。《韦氏第三版新国际英语大辞典》中把"叙事"解释为"讲故事，或类似讲故事之类的事件或行为，用来描述前后连续发生的系列性事件"。"叙事"常用的语言表达方式是叙述、描写而非理论概括；"叙事研究"则是对叙事文本寓意所进行的分析与解读。叙事主义者相信，人类经验基本上是故事经验；人类不仅依赖故事而生，而且是故事的组织者与参与者。进而，他们还相信，研究人的最佳方式是抓住人类经验的故事性特征，在记录有关教育经验的故事的同时，撰写有关教育经验的其他阐述性故事。这种复杂的撰写的故事就被称为叙事。写得好的故事接近经验，因为它们是人类经验的表述；同时它们也接近理论，因为它们给出的叙事对参与者和读者都有教育意义。可以说，叙事研究作为在科学与人文这两极之间的一个中间道路，已逐渐成为教育研究中的一个核心学术话语方式。

二、教育叙事与教育叙事研究

"教育叙事"是教育活动的一种方式，即实际教育过程中所发生的叙事活动，这种活动发生在教学过程中的每一个环节，如：教师在历史课或在其他教学中讲故事，班主任在班会上回顾一周来班上发生的事情，学生向老师倾诉自己的心事，等等。实质上，教育是一个社会生活与个人故事的重构过程，教师与学生既是讲故事的人，也是他们自己或别人故事中的主角。

"教育叙事研究"是借鉴文学叙事理论而进行教育研究的一种方法，指研究者以讲故事的形式述说自己或别人经历过的教育生活并诠释其中的意义，如教育主体（教师或学生）向研究者（有时也自写文本）叙述个人的教育生活履历，研究者通过分析叙述文本阐述教育生活的意义并构筑个人的理论体系等。也就是说，教育叙事研究是以故事为手段，通过描述过去事件的发生、现在的影响以及未来的期待来建构教育生活的意义的研究方式。

三、校本研究中教师的叙事

校本研究中教师的叙事是一种经验性叙事。经验性叙事以"关注个体和群体内在世界和经验的'经验叙述'"为主要特征。经验性叙事强调的不是反映这个世界的大而全的形式、规则、规律，而是经验的意义。它尊重每个个体的生活意义，主要通过有关经验的故事、口述、现场观察、日记、访谈、传记甚至书信及文献分析等，来贴近经验和实践本身。它体现出对人们生活故事的重视和对人类内心世界的关注。

校本研究中教师的叙事是一种"研究性叙事"。带有研究性的教育叙事的关键在于，选择适当的主题，切入教师的日常教育生活，对教师亲历的教育生活加以梳理、选择、整合、贯通，从而在一种基于教师亲历的现场感的叙述之中，把真实的教育生活淋漓尽致地展现出来；在众多具体的偶然多变的现场中去透析种种关系，解析现象背后所隐蔽的真实内容，从而使教育生活故事焕发出理性的光辉和智慧的魅力。教育叙事不同于一般性的讲故事的地方在于作为叙事者的教师并不只是单纯地讲述自己的教育经历，而是在理性的参与之中对教育生活作出意义的梳理与提炼。

讲故事这种有用的教育方法，不仅可以对个别实践知识进行反思，还可以帮助教师进行自我反思。更重要的是，当"我"这样叙述"我"在研究过程中发生的一系列教育事件时，"我"已经在搜集并解释研究资料。叙述的内容也就形成了"我"的可供公开发表的研究报告。这样一来，校本教学研究的基本过程就转换为中小学教师讲述自己（"我"）的教育故事。教师在叙述自己的个人教育生活史的过程中，实际上是在研究、反思自己的教育生活经历，反思自己在教学经历中到底发生了哪些教育事件。这种叙述使教师开始进入研究性教学的境界。其实，教师叙述自己在研究过程中发生了哪些教学事件，描述自己在研究过程中发生了哪些转变，这本身是"问题→设计→行动→反思……"的一个部分。这种叙述本身已经是一种思考。

案例点击 一个有趣的情境故事

巧妙地创设各种问题情境，最大限度地激发孩子的求知欲，这是吴正宪课堂教学的一大特色。

在"商不变性质"课上，一开始她给大家讲述了"猴王分桃"的故事：花果山上风景秀丽，气候宜人。一天，猴王给小猴假装分桃子。猴王说："给你6个桃子，平均分给3只小猴吃。"小猴听了连连摇头说："太少了！太少了！"猴王又说："好！给你60个桃子，平均分给30个小猴，怎么样？"小猴还得寸进尺，试探地说："大王，再多给点儿行吗？"猴王一拍桌子，显得很慷慨大度的样子说："那好吧！给你600个桃子，平均分给300只小猴，这下你总该满意了吧？"小猴高兴地笑了，猴王也笑了。听完故事，班上的孩子们也情不自禁地笑了。此时此刻，吴正宪意味深长地问大家："你们说，谁的笑是聪明的笑？为什么？"她抓住契机，恰到好处地引导学生自己去"发现"商不变性质的奥秘。

第二节 教育叙事研究的特征

教育叙事研究有何特征？对此已有不少人提及，如意义诠释、现场感、故事性、研究具体的人物或事件、特殊主义的研究取向、差异性、方法论上的创新、深度理解等。我国学者施铁如从学校教育研究的角度提出，较

之传统的方法，叙事研究具有资料的深刻性、意义的诠释性、假设的后成性、过程的对话性等特征。也有研究者认为，上述特征并非教育叙事研究所独有，根据国内外文献，可以提炼出以下几个特征。

一、伦理教育性

这是指叙事者和研究者有比较明显的价值判断、好恶褒贬和情感倾向，教育叙事者和教育研究者当然会有自己的审美体验、审美愉悦，但教育活动的特殊性使叙事者和研究者负载着更厚重的价值观色彩，更注重从教育生活故事中发掘对教师及学生"有教育意义"的素材，时时不忘张扬各种课程的教育性，因为作为教育者，必须担负起塑造学生灵魂的责任。

二、文本的真实性

文本的非虚构性即所研究的教育之事是纪实性的，是讲述或呈现教育生活中已经发生的真实的事情和事件，是叙事者亲身经历的经验或研究者现场直接采集的材料，不可掺杂想象甚至胡编乱造，而文学上的叙事研究所分析的作品以虚构性叙事为主。非虚构性既显示出教育叙事研究的特点，也昭示着教育叙事研究自身的特别的功能：通过真实地描述教师或学生教育生活的状况，循着现象学所指明的路径，使叙事者回到生活的现场，面向事实本身，重新唤起原初经验，从而找到自我。

三、意义的启迪性

教育的本义是引出、导向、激发和培养，而教育的叙事研究帮助教师、学生甚至研究者本人审视、辨别乃至发现原来未曾看到或看得不够清晰的事情，重视自以为遗忘了的个人历史，把蕴含在其中的深层的意义挖掘出来，倾听自己心灵深处的声音，明晰地反观自身，把个人的沧桑境遇纳入经过了自己反思梳理的历史谱系，以启迪和照亮未来的生活道路。教育叙事研究往往会产生一种陌生化效果，使人们看到过去忽视了的、表面上琐碎实则蕴含重大意义的东西，使习以为常、平淡无奇的学校生活重新焕发出全新的美感和丰富的意味。

四、重在实践性

教育叙事真正的目的是帮助教师、学生或研究者自己有所发展、有所提升，而不是满足于叙事本身的生动或"好玩"。加拿大学者康纳利和克莱丁宁指出，叙事研究不仅仅是讲故事和写故事，而且是"重述和重写那些能够导致觉醒和变迁的教师和学生的故事，以引起教师实践的变革"。其最终目的是促进学生与教师的共同成长。

第三节　教育叙事研究的解析

教育叙事研究是基于每个教师或学生的教育经历和生活体验进行的开放式研究，教育活动领域的广泛性、研究者际遇的多样性和认识的差异性导致教育叙事研究无论是选取的内容、陈述的方式，还是展开的形式，都难以说尽。下面从教育叙事本身加以粗略分析。

一、教育叙事的题材选取

教育教学片段叙事，即对个人教育教学实际中某个印象深刻的片段的叙述，显示事件发生的细节，借以阐明教师对良好或者不好教育教学效果的反思。

生活叙事，即对教师教育生活故事的叙述，借以显明其中所蕴含的教师的生活体验以及对教师教育生活的细微关注，教师日常生活与教师成长、教育状态、教育经历密切相关，教师成长不只发生在课堂中，还会发生在日常生活之中。

传记体叙事，即对教师成长过程乃至教师生涯的整体叙述，借以显明教师生命成长的历程，是对教师人生中细微的个人生命颤动的揭示。教师通过对个人成长或成长的某一方面的梳理，去发现这一阶段对教师教育生活的重要性，或梳理某一时间段教师对个人教育的观念性转折。

二、教育叙事的构成要素

(一)事件——教育叙事的内容

叙事所"叙"对象是"事",叙事即讲故事,而故事所讲述的正是关于人、社会、生活等的某个突发事件,它是日常生活中的一次波折、一个跌宕、一段令人难忘的往事、一段激情难却的回忆。这些素材的存在使叙事成为可能。

通过对事件的叙述,教师在过去的教育活动中所经历的事件得以再现,那些曾经在教师记忆中被雪藏的片段得以显露,教师个体的教育经验得以与他人共享交融,教育事件也成了教育活动中最有价值的存在。因此,教师所叙之事就是教师自己的故事,是教师在日常生活、课堂教学、研究实践等中曾经参与或正在参与的事件。它是真实的,是当时情境的映射。其中,或许包含着丰富的内心体验,或许蕴藏着细腻的情感变化,或许预示着远大的理想追求……正因如此,对于教育叙事来说,事件才显得尤为珍贵,它不仅是第一手资料,更是无数心灵轨迹的真实记录。

(二)主题——教育叙事的核心

叙事的目的不在于单纯的叙述,而是通过叙述揭示某个有价值的主题并深究其义。主题是事件的焦点,是叙述文本的意义所在,它通过某种内在结构呈现出来,展示了叙事的价值。

教育叙事并非对各种教育事件的随意组合,而是依照研究者的思路,遵循某个主题有机构建而成的一个整体框架。通过主题的串联,散见于教育活动中的片段具有了被描述和被解读的价值,偶尔掠过教师脑海中的零乱想法具有了理性和现实的意义。因此,所谓"讲故事",就是要求一个故事有结构、有道理、有意义、有价值。它以事件为本,却以主题感动人心;它以师生们熟悉的教育活动为开端,却又把熟悉的教育活动"陌生化";它蕴含着丰富的教育主题,却又在含而不露的叙述中让读者自己去寻找深层的道理。正因如此,主题对于叙事来说就是灵魂。

三、教育叙事的表达方式

叙事,会涉及两个必要的因素:一是客体,即所叙之事;二是主体,即叙述者,讲述故事的人。叙述者与故事之间不同的关系,构成了差别各异的叙事情境。其中最明显的差别是叙事方式的差别，它表现为在叙事中究竟由谁叙述。

（一）展示——教师自己的叙事

教师的叙事，主要是指教师叙述自己的教育经历和见闻。在教师讲述自己的故事的过程中，教师改变了以往在教育研究中被动的地位，不再是外在教育研究的研究对象，而是一个真正面向自己教育实践的、积极主动的思考者和研究者。教师直面自己的经历，重新对自己的经历进行回味和反思，在整理自己思维的过程中，获得思想升华，达到一种豁然开朗的境界。教师通过叙事直达自己和他人的内心深处，所有的概念、原理、规则都隐藏在所叙之事的背后，而让事实跳出来，让事实本身来说话。很多个人传记或教育手记、札记，其实就是教师自身经历的汇集。

（二）讲述——关于教师的叙事

在有的作品中，我们可以感受到叙述者是个性鲜明的，作为讲故事的人，叙述者既游离在故事之外，又作为传达信息的中介存在于文本当中，这就是最基本的叙事的方式——讲述。在讲述的叙事方式中，活跃着一个叙述者的形象，他记录、讲述，对他叙述的故事作出各种评论和解释，并与读者交谈。我们国家传统的艺人形象——说书人，就是这样的一种叙述者。

比较两种表达方式，在讲述的叙述方式中，由于有了叙述者的理性思考，由于叙述者在文本中的暗示和引导，读者很容易形成属于自己的比较明确的结论，尽管读者一定程度上受制于叙述者的已有认识；而在展示的叙述方式中，读者只是随着故事中的一个人物的意识四处游走，整个故事给读者留下的更多的是零碎的印象，片段与片段之间存在着大量的"落空"，需要读者自己去填充，这就给文本带来了许多不确定性，使其变得含混和隐晦，但也更加开放和自由。

四、教育叙事的组织形式

在校本研究中，教师依据个人的经历叙述相关的故事并给出适当的诠释，这是一种个体的叙事研究。叙事也可以在群体中进行。许多研究教师专业经验的学者认为，教师应有更多机会，进行同事间的经验分享与互动，这能让教师相互学习、取长补短，也能激励教师提升专业意识，增强自信心。

在群体中进行的集体叙事，又称"我们一起讲自己的故事"，它不仅可以用于课堂研究，还可以用在德育、学校管理、校园建设等诸多领域，其基本过程如下：

①进入情境：可以是真实的画面也可以是想象的情境，可以是经典的情节也可以是日常的细节。集体叙事要求参与者共同进入一个既定的情境，以便具有共同的话题和语境并产生共鸣。

②分别叙事：参与研究者以口述的方式，分别就情境中的某一过程、某一细节或某一问题，以自身亲历或假设性的在场，来叙述和描绘自己的教育教学故事。

③归纳问题：将具有不同处理方式或具有讨论空间（体现不同思想和理念交锋）的共性问题提出来，展开讨论和协商，形成基本认识和处理的多种方式。

④重新叙事：以参与研究者口述故事为原本，根据讨论和协商所形成的新认识、新体验，分别形成叙事性的文本——具有新质的教育教学故事，这里的新质，是从新的认识角度来审视和反思自身的故事，从而形成新的意义和价值。

⑤形成集体叙事文本：将所有的故事按主题、类型或过程进行编辑和处理，可以通过引言、图片、注解、眉批、旁白、提示等方式，增强叙事文本的现场性、丰富性和拓展性。在校本研究的实践中，集体叙事也有多种类型的变式。

第四节　教育叙事研究的开展

教育叙事的目的在于关注日常教育实践与经验的意义，教育叙事是校本研究的一种重要形式。那么，教师如何展开教育叙事研究呢？

一、汇聚经验

学校科研中的教育叙事研究可以立足于学校或课堂中的日常教育实践。

也就是说，学校或课堂本身就是教师进行教育叙事研究的场所或现场。因此，自身或他人的叙事，都不仅仅是事件的实录，还体现为研究者与参与者之间的合作关系，并且为一种经过选择、演绎、诠释的经验经历过程。这种经历通过以下两个方面来进行经验的搜集：

①首先是搜集个人的经历记载或文本性历史素材，包括个人经历故事、口述史、日记和日志、书信等；其次是通过与参与者的深入交往而进入参与者的内心世界，采用观察、开放式访谈、注意倾听、双向交流、现场笔记等方式，进一步深化叙事研究。

②应注意相关背景资料，其包括年鉴和编年史、各种文献、纪念性物品（照片、奖品、纪念品等）。

二、诠释意义

叙事不仅在于记录与叙述故事，更在于激发不断反思自我与勇于实践的专业精神，以及对日常教学情境中教师和学生教与学的交往的追问。这种反思与追问在叙事研究者看来，是重组和理解经验、提供意义诠释的过程。

首先，有了叙事素材，还需要对这些叙事素材进行提取、分析并界定这些叙事事件的形成、改变的基本元素和基本特征，以及它们之间的相互影响和相互作用关系。并且，将搜集来的所有故事和叙事素材进行比较，分析每个故事的主题，将这些互不相同的主题重组成一个完整的事件发展过程。研究者不能根据现存的理论对探究的现象加以诠释，应该把熟知的答案或意见悬置起来，直面需要探究的现象，并尽可能地结合自己的理解和与参与者交往过程中的理解、体验进行分析，由此可能会产生一种新的理解。

其次，经历和实践经验的意义是由一系列交往过程构成的，或者说，其意义是隐含在所有的叙事事件和故事之中的。只有对这些叙事事件和故事进行诠释，经历和实践经验的内在意义才会逐渐被人领会和把握。因此，我们强调只有叙事描述是不够的，还必须把诠释和理解呈现给读者。要注意的是，对于叙事不能用因果关系加以解释，而必须用多义性的诠释加以理解，叙事研究本质上是一种开放的研究方式。

三、表述语言

教育叙事中的事实叙述与意义诠释都离不开语言，所以有的研究者把它称为语言取向的研究。

对于教育叙事写作的方式，封·马南归纳出很具启发性的七种方式：

①现实主义式，讲求纪实性，尽可能真实地再现生活现场和当事人的经历，作者的态度冷静、客观；

②忏悔式，作者坦诚地敞开自己，以谦虚、惊奇的心态记录现场的文化习俗；

③印象式，详细地记录事件发生时的情景及当事人的瞬间反应，形象描绘生动，主观感受很强；

④批判式，对社会上的不平等、不公正现象进行抨击，写作上褒贬鲜明、感情强烈；

⑤规范式，其研究目的是建立并展示规范的理论，写作风格严肃、逻辑性强；

⑥文学式，十分讲究文学上的叙事技巧，如细致的人物刻画、充满戏剧性的转折、伏笔和前后的照应等，读起来引人入胜；

⑦联合讲述式，共同创作文本，发出双方的声音。

教育叙事研究的写作应当注意些什么？

第一，采用深描的手法。深描即教师比较详细地介绍教育问题或教育事件的发生与解决的整个过程，留意一些有意义的具体细节和情境，在叙事研究的报告文本中引入一些原汁原味的资料，比如学生的作品、日记，某位学科教师对这位学生的评价，隐藏在学校建筑中的语言，等等。这种深描使叙事显得真实、可信而且富有情趣。

第二，注重故事的情节。讲故事总得讲述某个事件。这个事件是日常生活中的一个偶然的变化、一个不确定的波折，这种起伏跌宕构成故事的情节。正因为它是日常生活的波折、起伏、跌宕，它才显得曲折、委婉且动听、可读。

第三，理顺故事的结构。所有的结构都可以归结为一点，就是意义。要求一个故事有结构，实质就是要求这个故事有意义，能让人听了以后明白某种道理。当然，这些教育道理、教育理论只能隐藏在故事的背后，即用藏而不露的方式表达某种关于教育或人生的道理。

以叙事（讲故事）为特征的文本既不同于一般的教育实验研究报告，也不同于一般的经验总结。叙事文本是叙述某个人或某件事的故事，这个故事必须具备一些基本特征，比如所叙述的故事必须是教师亲身经历的，即教师参与其中并引起了某种改进。

案例点击一　片段叙事：高高地举起你的左手

在一次公开课时我发现有一位从不举手的学生 M 举手了，我有些奇怪，但还是让他站起来发言。M 站起来后一脸的羞愧和慌张，根本不知道问题的答案。

我让他坐下，没有批评这位学生，可心里有些纳闷：这位学生为什么这次举手了呢？举手又为什么不知道答案呢？站起来之后的羞愧和慌张是否对这位学生的心理造成了伤害呢？

下课后我把 M 叫到办公室。我安慰 M 说："今天你举手了，这很好，这说明你在思考老师提出的问题。你能不能告诉老师，你当时究竟是怎么考虑那个问题的呢？"

没想到 M 说："其实我根本不知道答案。我不希望被同学看不起，所以我举手了，希望能够侥幸地蒙混过去。可是老师偏偏让我回答。"

我听了以后感触很深，犹豫了一阵子，我对那位学生说："这样吧，我们做一个约定，以后每次上课你都积极举手，如果不知道答案，你就举起右手，如果知道答案，你就举起左手。你一旦举左手，我就点你起来回答问题。"

在接下来的几天里，学生 M 果然开始每节课都举手。同学们最初都觉得有些奇怪，但时间长了，同学们开始渐渐相信 M 是学习高手了。

有一段时间我做过统计，M 举左手的次数为 25 次，举右手的次数为 10 次。自从我找他谈话，把我统计的他举左、右手的次数告诉他之后，他举右手的次数越来越少。

M 在日记中写道："考上大学后老师来送我，他只对我说了一句话：'别让自卑打倒你的自信，换只手高举你的自信。'我终于明白了老师的良苦用心——他让我举右手并且少举右手只是为了让我超越自己，换只手高举自己的自信，赢自己一把！在人生的道路上免不了遇到对手和困难，但如果不能举左手，那么我们要做的第一件事就是'举起自己的右手'……"

案例点击二　自传体叙事：我的教育经历

前些日子，我们几位老师约定写教育自传，我就谈谈我的教育经历吧。

我出生在广州的一个教师世家。从小父母就希望我长大后能成为一名教师，继承他们的事业。他们总算如愿以偿，现在我真的成了一名小学教师。

许多人因为喜欢教师这一职业而成为教师，而我恰恰是因为讨厌教师而去做教师的。说起来也有一段故事：我在读小学的时候，由于父母对我严加教育，所以我的学习成绩一向很好，每次考试都是名列前茅。

可能是因为我性格比较内向，很少说话，在班上表现并不活跃，所以我并不是老师心目中的爱将。即使我考试考到第一名，老师也从来没有表扬过我。相反，那些平常话很多、很讨老师喜欢的班干部，老师事无大小总是表扬他们。那些表扬语，连我都听腻了。

然而，我想听一句老师对我的赞扬就像天上的星星一样，可望而不可即。更气的是每次开家长会，班主任对我妈妈说的都是同一句话，而且是唯一一句话："你的女儿就是一块死木头，让人根本感觉不到她的存在。"

这句话至今还深深地印在我的脑海里。为了这句话，我不知哭了多少次。我不明白老师为何如此不公，如此偏爱。

也是因为这一句话，我暗暗地下了决心：我日后一定要做一名教师，而且要做一名关爱每一个学生的教师。结束了小学那段不愉快的日子后，我更加努力学习，而且开始不断改变自己。我努力地去和同学、老师交往，并积极地在各方面表现自己，我在中学和大学期间都受到老师的一致赞许。经过了多年的学习后，我果然成了一名教师。

当我第一次走上讲台，接触到那一张张天真烂漫、活泼可爱的小面孔时，我的心融化了。他们使我产生了一种从未有过的对教育的狂热之情。我始终不明白为什么我的小学老师不喜欢我。其实，每一个学生都有他的可爱之处，只是需要老师用心去挖掘而已。

在我教的第一批学生中有这样一个小男孩曾××：在许多教过他的老师的心目中，他是一个顽皮可恶的学生，不仅学习成绩差，而且处处与老师作对。刚接班时，由于我是一位刚毕业的年轻教师，他一点儿也不怕我。上数学课时，他就拿语文书；上语文时，他课就拿数学书。你叫他去东，他就偏去西。你骂他，他却习以为常。

在一次体育课中，我教学生学青蛙跳时，他不仅不学，而且还冲着我说："你以为我们是'白痴'？无聊。"说完他拔腿就跑。我不服气，就在后面追他。跑了几圈后，我不仅没有追上他，还被他抛开了一段距离。

这时我惊奇地发现原来他跑步如此之快。我停下来不再去追他，站在原地高兴地鼓起掌来。他回过头来惊奇地看着我。

我对着学生们说："同学们，原来我们班有一个跑步健将，他就是曾××。如果不相信，咱们就来个跑步比赛，好吗？"同学们一致赞同。

"你敢不敢跟同学们比比，证明自己的实力呢？"我想以他那不认输的性子一定会答应的。果然，他马上答应了。经过几轮的比赛后，他果然战胜了所有的对手，被同学们公认为我班的第一跑步健将。所有的同学都向他投来羡慕的目光。

从那次以后，我发现他变好了。上数学课时，他悄悄地把数学书放在桌子上了……

每个人都有权利使自己成为人类认识领域中的一个开拓者。尊重每一位学生，赏识每一位学生，以一名帮助者、支持者、欣赏者的身份走近学生，这才是我们作为教师的职责。

第五节　教育叙事研究的意义

可以说，教育叙事研究的方式及其成果并没有一个固定的模式。教育叙事研究所关注的是教育实践经验的复杂性、丰富性与多样性，同时在叙事者和读者之间释放教育理论的思考空间，引申出教育理论的复杂性、丰富性与多样性。

教育叙事研究的意义可以从实践成效和作品形成两个方面来分析。从实践成效的角度看，教育叙事研究具有以下几方面意义。

一、促进教师与学生自主性的双重发展

教育叙事研究始终关注教师的日常生活和实践经验，体现了对教师主体性和专业自主性的尊重，使教师能在理论指导下进行自我反思，主动提升自我，获得与教育情境高度融合的有用的知识，提高教育水平。这正像叶澜教授所分析的那样，教师的研究能力，表现为对自己的教育实践和周围发生的教育现象的反思能力，善于从中发现问题、发现新现象的意识，对日常工作保持敏感并认真探索的习惯，不断改进自己的工作并形成理性的认识的觉悟。从这个意义上讲，教育叙事研究构成了教师生活习惯的一部分，使教师自己决定自己的专业业务能力，即教育教学水平。这是教师在专业工作中自主性和自主能力的最高表现形式。教师研究能力的进一步发展则表现为对新的教育问题、思想、方法等多方面的探索和创新性思索；运用多方面的知识和经验，综合地、创造性地形成解决新问题的能力。这使教师的工作更富有创造性和内在魅力。同时，教师创新能力的形成，在教育实践中的成功，会使他十分看重对学生创造意识和能力的培养。无疑，这是教育十分期望实现的价值和达成的目标。

教育叙事研究对提升教师的专业素养也产生了不可忽视的作用。对教育叙事者来说，教育叙事研究是一个人格重新建构的过程，在叙事的过程中，人们重新整理自己的经验。当片段的情节连接并组织成完整的故事时，

隐藏在情节后面的意义便会凸显出来，潜意识中的观念就会被推到意识的显要位置。实际上，这是一个反思过程。教师的许多问题在这一过程中得到澄清，从而重塑新的自我，获得对教育的"意义"的新理解，提高了生命的质量。

二、促进所有教师的整体发展

从狭义的角度来看，叙事研究主要是以叙述的方式撰写研究报告，它是一种教育写作方式。但从广义上看，叙事研究包括问题解决、合作参与、经验叙述等整个研究过程。叙事与对话、互动密不可分，如自我对话时（主体的"我"和客体的"我"对话），主体的"我"带着感情陈述自己的故事，先感动自身，然后引起其他人的共鸣，产生移情体验。特别是在群体中进行的集体叙事，其相互激发、相互教育、共同感受、共同进步的作用更为明显。

三、促进校园文化的积极建设

校园文化是一种精神引导力量，"学校精神"是学校文化的核心。有的学者认为，任何一种学校文化都是以学校过去发生的重大事件及现在发生的故事为核心内容。这意味着，尽管理论研究可以通过概念来区分并定义不同的学校文化，但对每一所学校而言，如果不清楚学校发展史及其现实，便无法提炼"学校精神"和打造学校文化。而恰恰在这一点上，教育叙事能够显示其价值。因此，可以从教育叙事入手来讨论如何提炼"学校精神"以及建构学校文化，如叙述学校历史，教师与学生听故事、说故事，提炼学校传统与特色，等等。

这种以叙事方式进行的学校文化建设，立足于每一所学校的活动事实，能使学校文化被每个人所接受。

从作品形成的角度看，教育叙事研究的成果大体有三种形式：

一是教育的课例、课堂教学实录、教育故事、随笔、反思札记、教后记等。

二是比较严整规范的叙事研究报告，如丁纲教授主编的《中国教育：

研究与评论》各辑中所载的叙事作品。

三是以叙事方式撰写的专著，如卢梭的《爱弥儿》，苏霍姆林斯基的一些著作，李镇西的《爱心与教育》《民主与教育》，等等。下面以李镇西在《爱心与教育》中的一个片段来看其专著的感染力。

案例点击　绝不再对迟到的学生罚站

安妮有迟到的习惯。我多次找安妮谈心，建议她养成雷厉风行的好习惯，但她仍然常常迟到。

那天早晨安妮又迟到了，我让她站在教室外面。大概5分钟后，我怕校长看见，便让她走进教室。进来后她走到自己的座位想坐下，我说："谁让你坐下？再站一会儿。"

她流泪了，但顺从地站在自己的座位前，并拿出书和大家一起读。

直到早读结束，她总共站了15分钟。

两节课后，她来向我请假，说头昏，想回家休息。我很吃惊，问她是不是因为早晨站得久了。她说不是，平时就头昏，是老毛病了。

第二天，安妮的母亲来学校请假，说安妮病了，需要一段时间的治疗和休息。我开始感到自己做得有些过分：可能安妮当时已经病了，可我竟罚她站了那么久。

我问她母亲安妮究竟是什么病，她母亲含糊地说："也没有什么大不了的病，就是……"

她不明说，可能有什么苦衷，我也就没有往深处问。

过了两个星期，安妮的母亲来学校，说安妮的病情比较重，得休学治疗。我在吃惊的同时，内心深处暗暗庆幸总算甩掉了一个包袱！

半年之后，安妮返校复学，降到了下一个年级学习。在校园里遇到我时，她总是羞怯而有礼貌地和我打招呼，喊："李老师好！"

几个月后，开始期中考试。那天刚考完最后一科，有学生来告诉我："李老师，安妮今天早晨……死了……"

我不禁一颤，手中刚收上来的一叠试卷滑落到地上。20分钟后，我和几十个学生赶到殡仪馆。安妮的母亲迎上来，用哭哑了的声音对我说："您这么忙还赶来，感谢您和同学们了。"

我心情沉重地说："太突然了，根本没想到。"

安妮的母亲流泪说:"安妮6岁就患上了白血病,当时医生说她最多能活3年。为了让她有个宁静美好的生活,我一直没有告诉她,也没有告诉任何人。在许多人的关心下,她奇迹般地活了8年。谢谢您啊,李老师。安妮最后几天,还在说她想念李老师,想同学们。她复学后一直不喜欢新班级,多次说她想回到原来的班级。可是,她就那么……"

安妮母亲的话让我心如刀绞。在安妮纯真的心灵中,尚不知道她所想念的"李老师"曾为她降到另外一个班而暗暗高兴!

我忍不住哭起来。这是我参加教育工作至今第一次也是唯一的一次因愧对学生而流泪。

当天晚上,我含泪写下了一篇近五千字的文章《你永远14岁——写给安妮》。第二天,我含泪在班上为学生朗读,表达我悲痛的哀思和沉重的负罪感。

从那以后,我发誓:绝不再对迟到的学生罚站!

第六节　教育案例研究的含义

教育案例研究正在阔步进入教师学习与校本研究的领域。正如我国学者郑金洲所言,案例在一定意义上讲不是一个时新的事物,对案例的关注也并不仅限于教育领域,甚至教育领域对案例的研究远迟于其他相关的一些领域,如临床医学、工商管理等。

案例研究从1998年开始就被卡耐基工作组推崇为教师教育的核心,成为"联结理论与实践,揭示教师在复杂的认知活动中如何运用高层决策技能的有效途径"(舒尔曼,1992)。那么,什么是教育案例研究呢?

一、教育案例的定义

关于教育案例的定义,有一些不同的表述,但基本意思是一致的。张肇丰认为,教育案例是一个教育情境的故事;在叙述一个故事的同时,人们常常发表一些自己的看法——点评。所以,一个好的案例,就是一个生动的故事加上精彩的点评。吴义昌指出，从教师的角度笼统地讲，教育案例就是一个典型的教育事件，就是教师的一个具有代表性的教育教学实践过程，一般以叙事的方式表述出来。王俭认为，教育案例是教育教学管理过程中，含有问题情境在内的真实发生的富有典型性的事件。郑金洲对案例做了清楚的界定，他说，概括而言，案例是含有问题或疑难情境在内的真实发生的典型性事件。从这一概述中可以看到，对事物的静态的缺乏过程把握的描述不能被称为案例；信手拈来的没有问题或疑难情境在内的事件也不能被称为案例；没有客观真实为基础，缺乏典型意义的事件也不能被称为案例。

案例点击　教育案例：一个教育情境故事

上海市七宝中学的青年教师王红曾写过一篇《走进语文教学的艺术殿堂》，其中写到在一次作文讲评课上，她让一位男生上讲台朗读，结果这位略有口吃的同学遭到了哄笑。

"台下的同学们紧紧注视着他，课堂上死寂一片。沉默中，我突然从后悔自责中省悟：初为人师的我不是也有过临场时的恐惧和冷场时手足无措的尴尬吗？然而是自信战胜了这一切。有时候，一次小小的成功能够激活一个人潜在的巨大的自信，可一次难忘的失败也往往可以摧毁一个人仅有的一点儿自信。眼前的这个男孩难道会陷入后一种情形吗？不，绝不能。我终于微笑着开口了：'既然他不太习惯在众目睽睽之下说话，那索性我们大家都趴在桌上，不看，只用耳朵听吧！'我带头走到教室后，背对讲台站定，同学们也纷纷低下头来。终于，我的背后传来了他羞怯的声音。那的确是篇好作文，写的是他和父亲间的故事。慢慢地，我听到他的声音渐渐大了起来，停顿也不多了，有的地方甚至可以说是声情并茂了，我知道他已渐渐进入了状态，涌上心头的阵阵窃喜使我禁不住悄悄回头看看他。我竟然发现台下早已经有不少同学抬起头，默默地、赞许地注视着他。朗读结束后，教室里响起一阵热烈的掌声。我知道这掌声不仅仅是给予这篇作文的。"

当时的上海市教育委员会副主任张民生同志在《一个素质教育进课堂的生动案例》一文中，对这个事例评论道：有口吃的孩子说不出话了，一般好教师的处理方式是："没关系，你先下去，下次有机会，再好好准备一下。"但王红有另一种视角，一种新的境界。这么处理这种场面，化解尴尬的处境，对于学生可能是终身难忘的。能否做到这一点，关键是看教师在教学过程中，是以自己原来设计好的教学过程为主去考虑问题，还是以学生为本去考虑问题。

上面这个案例通过生动细致的描述和准确到位的点评，反映了一位青年教师在以学生为本的教育思想的指导下，处理课堂上的突发事件的经过，给人以启迪。这里为了举例的方便，事例和点评分别选自两篇文章，当然一般在撰写案例时二者是合为一体的。

二、与相关概念的区别

与案例相关的概念有个案、课例等。不论是案例还是个案、课例，都是对一个典型事件或过程的叙述，都要采用叙事的方式，只不过它们的侧重点以及涉及的范围是有所不同的。

个案，按照斯塔克的说法，是一个"有界限的系统"。所谓"有界限的系统"是指有范围的时间与空间，它可能是一个个体、场域、事件、行动、问题或是文件资料储存库。而个案研究是一种研究策略，是对一个"有界限的系统"（如一个个体、一个方案、一个团体、一个地区等），运用多种研究方法（如观察、访谈、调查、实验等），协助搜集完整的资料，以做出深入翔实的描述、阐释和分析。粗略地说，个案研究是对一个对象（单位、个人或事例）进行调查研究，以求解释现象、探明原因，给予明确诊断或解决的方法。个案在对象上，强调"个"；在方法上，强调研究每一个对象的个性，强调具体情况具体分析。所以它是包括案例在内的涉及范围更广的一种研究策略。

个案与案例有所不同。个案包括个人、机构、团体，也包括事件；案例是对含有问题或疑难情境的真实发生的典型性事件的描述，也可以包含解决问题的办法，是用事件来呈现的，可以是一个也可以是多个，是同一主题，多为偶发事件，以问题呈现为特征，有一个详细的过程。个案研究是对一个案例做缜密的研究。

课例，也称课堂教学案例或教例，是案例的一种特殊形式。这是与教师日常教学工作贴得最紧、也较便于撰写的一种案例形式。郑金洲认为，案例与课例的区别在于案例自始至终是围绕特定的问题展开的，是以问题的发现、分析、解决、讨论为线索的；而课例展现的是某节课或某些课的教学实际场景，虽然其中也包含着问题，但问题可能是多元的，没有明确的问题指向，并且实际情境的叙述、师生对话的描述等常是列举式的，没有像案例那样经过细致加工。

综上所述，可以把案例看成个案研究中有代表性的一类，课例也可以归入案例中，这样能使校本研究集中于实质而不过分在细节部分纠缠。

三、教育案例研究释义

一般认为，教育案例研究是指一种运用质性方法在案例描述基础上的反思、评点和分析，其目的是促进素质的提升、观念的更新或工作的改进等。

列恩认为："案例方法""案例教学""案例运用"这些术语在众多领域中的运用是相近的。事实上，我们确实也可将案例研究、案例分析等术语统称为案例研究方法，并且可将案例研究方法定义为：通过对有关案例的分析和研究，向人们提供一些分析技术、技巧和解决问题的经验，从而使他们理解有关教育教学或者管理的事实，掌握教育教学或者管理的知识与技能，提升自身的学习教育能力与工作品质。

案例点击 《鸬鹚》教学片段及其隐含理念的分析

一、课例片段记述

师：课文中为什么要用"一抹"？你们看，如果改用"一挥"多有力，"一擦"多刚劲！这就是我们要研究的第一个问题，先自行研究，再同桌或小组合作探究。

（生勾画、思考，同桌或组内交流，师巡视指导）

师：好，有研究成果了！我们来交流。

生："一抹"很轻，显得很宁静，与第一自然段的意境相吻合。

生：用"一挥"或"一擦"等词，动作粗鲁，没有"一抹"来得温柔，说不定还会伤到鸬鹚。

生：从"一抹"可以看出渔人对鸬鹚的关爱——小心翼翼地以防伤着它；还可以看到渔人与鸬鹚配合默契——只要"一抹"，它们就"扑扑地钻进水里"捉鱼去了。

生：是呀，只轻轻"一抹"，鸬鹚就那么听话，为渔人效劳，可见这是些训练有素的鸬鹚。

师：啊，多精彩的研究发现！

（板书：训练有素）

师：同学们想一想，渔人为什么早不站晚不站，偏偏这个时候站起来？

生：因为他发现了鱼，很兴奋。

生：噢，我明白了，如果用"一挥"或其他词，太用力了，会发出响声，鱼儿会被吓跑的。

师：还有许多成果，这个问题先研究到这里。我们来读一读，读出"一抹"所包含的情和意。

师：同学们，关于为什么用"一抹"，我们学得很好，但我相信，好戏往往在后头——这轻轻"一抹"抹出了什么呢？小组研究，看哪个组的研究成果多。

（生在小组内研究）

师：许多同学跃跃欲试，好，我们来交流，交流时可以这样说：我从课文中的哪儿读懂"一抹"抹出了什么。

生：抹出了波纹和浪花，因为鸬鹚钻进水里后，湖面上"荡起一圈圈粼粼的波纹，无数浪花在夕阳的柔光中跳跃。"

师：我觉得你很有审美眼光，你能将那么美的意境读出来。

生：抹出了许许多多的鱼。因为课文中写道："不多一会儿，就有鸬鹚钻出水面，扑着翅膀跳上渔船，喉囊鼓鼓的。"这鼓鼓的喉囊里装的肯定是鱼。

生：我有补充，课文中还说道："鸬鹚不断地跳上渔船，渔人都要忙不过来了。"可见抹出的鱼还真不少。

生：还抹出了渔人的忙碌、湖面上活跃的气氛。

师：是呀！这"一抹"使平静的湖面一下子变得热闹起来。现在请合上课本，让我们一起走出课本，想一想，这"一抹"还能抹出什么？

生：还抹出了钱，鱼儿卖掉就有钱了。

师：对，讲得多好！这就是勤劳致富。

生：还抹出了渔人丰收的喜悦。

生：还抹出了吃的、穿的、用的，如苹果、哈蜜瓜、西装、皮鞋……

生：还有彩电、冰箱、洗衣机等。

生：总之，抹出了渔人一家的欢乐和幸福。

师：打开课本，让我们带着这种喜悦的心情感受一下，把你最喜欢的句子读出来，大家一起来欣赏。

（个别读—点拨、激励——表演—齐起读）

评点：此课例充分体现了在班级的教学环境中，在教师引导下，学生通过自主、合作等探究活动获得了知识，获得了对文本的独特体验，展现了超越文本的灵性，反映了教师、学生、教材、环境的有机整合。

二、隐含理念分析

1. 课程是由教学事件构成的一种生态系统

课程的本质是一种教学事件，即一个教学活动。在课例《鸬鹚》的教学中，学生对"一抹"的内涵的体验是在教师的指导下，在自己的知识、经验的基础上建构起来的。学生凭着自己的生活经验，觉得用"一挥""一擦"等词显得动作粗鲁，没有"一抹"来得温柔，还体会到"一抹"表现了渔人对鸬鹚的关爱，以及他们之间的默契。在老师的引导下，学生的多元解读还超越了文本，体会到"一抹"还抹出了富裕、喜悦和幸福。而完成这种意义建构的外在因素就是由师生、生生交往、互动构成的教学环境。因此新课程从过去的强调教师单因素，转变成了强调教师、学生、教材、环境四种因素的整合；课程变成了一种动态的、生长性的"生态环境"，是四种因素持续交互的动态情境。课程就是由这四种因素构成的一系列教学事件的总和；从另一方面说，教学就是一种课程开发。

2. 课程是一种体验和交流

课程不仅是文本课程，更是体验课程；课程不再只是知识的载体，而是教师和学生共同探求新知识的过程。只有被学生真正经历、理解和接受了的东西，才称得上是知识。从"课程是经验"的角度看，在课程实施过程中，最重要的是创造教学事件，将学生引入活动过程中，这本身就是课程建设。

知识是学习者个体内部通过新旧经验的作用而构建起来的。但这种内部构建不是封闭的，而是在集体中，通过自主探究、合作学习、协商调节而完成的。在课例《鸬鹚》的教学中，学生对"一抹"的理解是通过小组学习集中集体的智慧，获得共同分享的感受和体会。每一个学生都从同学那里获得了一种新鲜的体验，受到了新的启发，更加丰富了自己的理解和认识。在一种人文内涵的熏陶和感染下，学生的个性得以张扬，会体验到"学习是幸福的"。因此，这个课例还鲜明地体现出语文教学对学生的人文关怀。

3. 教师和学生是课程的创造者和交流者

教学不是忠实地实施教学计划、教案的过程，而是课程创造和开发的过程。真实的课程发生在学校中，发生在课堂里，发生在师生互动中。在《鸬鹚》的教学中，教师如果是将自己的理解或教参的内容转述给学生，也就是说，教师只是充当作者、作品与学生之间的"二传手"或"中介人"，没有真实的课堂情境，没有交流、碰撞、点拨、引导，全班对"课文中为什么要用'一抹'""'一抹'都抹出了什么"这些问题就只能有一种答案，就不会有学生的个性化阅读，更不会有超文本的创造。

第七节　教育案例研究的特点

作为一种质性研究，教育案例研究是一种有着既定范畴和要求的行动研究，同时它也运用叙事的方法，所以它与行动研究、叙事研究之间有许多共同的地方。教育案例研究的特点，可以从以下三方面来把握。

①从研究主体的角度看，教师的案例研究表现出鲜明的主体性、情境性、倾向性、内驱性等特征。与以往常见的研究手段和方式（如做课题、写论文）相比，案例研究在教育研究领域中具有独特的价值，体现了教师作为研究者的主体作用，展示了丰富而简约的教育含义，表达了深切强烈的感受和体验，运用了熟悉的思维和表达方式。

②从写作文体的角度看，教育案例研究以特定的教育情境为前提，教学叙事、生活叙事甚至个人发展史追踪等，都可视为教育案例。教育案例区别于论文之处在于：在文体和表述方式上，它以记叙为主，兼有议论和说明；在写作思路和思维方式上，其写作运用归纳思维，思维方式是从具

体到抽象。它区别于教案、教学设计之处在于：它是对已发生的教育过程加以反映，写在教之后，是结果。它区别于教学实录之处在于：它是依据撰写的目的，对教育情境做有所选择的描述。教师撰写教育案例的目的通常是学习运用理论，总结教改经验和促进交流研讨。

③从成果推广的角度看，教育案例只是一个例子，它高度依赖于特定的情境。即使它蕴含的思想具有普遍可能的价值，也并不意味着其具体操作就可以到处适用。也就是说，案例研究不能为科学推论提供基础，因为案例研究可以推论到理论主张（理论假设），而不是从几个个体推论到全体。案例研究与实验研究一样，研究一个或几个案例，并不旨在从小数目的案例推论到全体，而是旨在理论上的扩展与概括。

第八节　教育案例研究的过程

就教师的教育案例研究而言，较普遍、较多见的是进行课例的研究。下面我们对课例研究的过程做简要叙述，大体可以推及其他不同类型的案例。

按呈现形式，课例可以分为文本课例和多媒体课例两种类型。

一、文本课例研究的过程

文本课例是通过语言文字的叙述反映真实的课堂情境以及教育和教师工作的复杂性的。它以叙事的形式来描述富含教育理论、教育智慧，反映教育问题的课堂教学事件。文本课例是目前教师使用得比较多的，它的优点是经济实惠，便于携带和阅读。

我国研究者强调，教师案例研究的过程与一些专业研究人员的研究有所不同，与其教育教学的工作流程大体上是同构的。因此，其研究过程不是一种从理念到文本的线性过程（如理论准备—进入现场—搜集资料—编码分析—形成案例），而是一种教育实践与理论思考交错融合的非线性过程。从一些学校和教师开展案例研究的经验看，重视教育案例研究过程的几个基本环节或要素，对于提高案例研究水平和促进教师专业成长是十分必要的。那就是：案例研究的基础是自觉的实践反思；案例研究的实施是开放的行动研究；案例研究的取向是教师的经验分享。

二、多媒体课例开发的过程

多媒体课例早期主要是课堂教学的录像带分析，后来在文本课例和录像带分析的基础上，出现了融合文字、图形、图像、动画、视频、录像、声音、音乐等多种表现方式的多媒体课例，通过它可以形象而直观地表现课堂。多媒体课例（视频课例）的制作，是以文本案例的研究为基础的，其结构包含五个部分：标题、案例片段、案例问题、案例评价、案例讨论作业单。下面是视频课例制作的一般步骤简图。

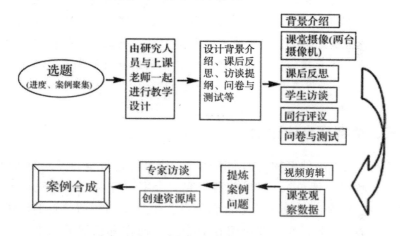

案例点击　一个课堂教学案例的产生

上海市长宁区教育学院的吕洪波老师，曾就一个教学案例《在学生全班讨论时，教师"站"在哪里》为例，讲了"从课堂教学实录到课堂教学案例"的过程。他认为，将课堂教学转化为案例的写作过程应当是一个"再创造"的过程，是对实录内容进行编辑加工的过程，是提高案例的教育学价值的核心环节。在由实录到撰写案例的过程中，实录材料的搜集、案例主题的确定、实录到案例的撰写是其中最重要的三项内容。

在学生全班讨论时，教师"站"在哪里

在课上第一小节中，由于刚开始上课，同学们还没有完全进入状态，

对学习的内容还不够熟悉，在这个时候，我组织讨论时"站"在学生的前面，引导学生的讨论和学习。这样，在学生回答问题不够完整时，对他进行追问，有助于学生专注于问题，也有助于引起讨论。第二小节中，同学们的讨论异常激烈，他们争着发言，以至于老师必须制订发言的顺序规则，我根本"插不上嘴"。在这样的讨论中，我"站"在学生的背后。第三小节中，学生提出了新的问题，出乎我的意料。讨论的内容遵循着课堂教学目标，单纯从课堂教学内容来看，它似乎偏离了教学目标，但如果从培养学生独立思考、挑战权威、不唯书不唯上的学习品质看，它又有一定的意义。尽管有些跑题，有些出乎意料，但是为了保护同学们发言、讨论的积极性，为了使同学们养成爱动脑筋、独立思考的好习惯，我又以一个讨论者的身份加入同学们的讨论，此时我没有"站"在同学们的背后，而是"站"到了同学们的中间。当然，在这样的情况下，由于事先未准备，我也需要在讨论中，边组织边思考，自由发表自己的看法。我注意到，同学们讨论的积极性并没有因为我的介入而受到影响，他们照样大胆发言，甚至反对我的看法，课堂上散发着浓厚的民主、平等的气息。

三、个案研究的过程

对一个人、一件事物、一个团体、一个社区进行全面深入的研究（包括描述、解释、评价），都叫个案研究。个案研究一般对研究对象的一些典型特征做全面、深入的考察和分析，也就是用所谓"解剖麻雀的方法"。同时，个案研究不仅停留在对个案的研究和认识的水平上，而且需要认识教育与发展之间的因果关系，提出一些积极的教育对策，以便因材施教。

个案研究的步骤与方法应注意以下几点：

（一）尽量选择有助于达到研究目的的研究对象

个案研究的特点是对个别对象进行深入研究，因此要特别慎重地对待个案选择。选择个案的研究对象时，要根据研究的不同目的来采取不同的抽样方法。

①典型性抽样。如果要研究现象的一般情况，就要选择有代表性的个

案。比如要研究班级学习情况，若选择优秀学生为个案，肯定代表不了全班总的情况；而选择学习一般的学生为个案，就有比较大的代表性。

②关键性抽样。确定一些关键的特征后对研究对象进行考察。

③分层抽样。这种抽样方法是选择最好和最差这两个极端类型的个案进行研究，可以最大限度地掌握该现象中的各种信息，尤其是有显著差异的信息将有助于我们深入思考。

总之，个案研究要正确处理好一般与个别的关系。作为个案研究对象的个别应该具有与众不同的典型特征，不具有典型性的个别显然没有多少研究价值。一般来说，作为个案研究对象的个别应该具有以下三个显著特征：第一，在某方面有显著的行为表现；第二，与这方面有关的某些测量评价指标与众不同；第三，教师、家长等主要关系人都有类似的印象和评价。

(二) 获取各种资料信息

个案研究应采用调查、观察 (包括录音、录像)、测查、访谈、成品分析等多种手段，全面、客观地获取各种资料信息。

个案研究并不是完全独立的研究方法。为了搜集到更多的个案资料，从多角度把握研究对象的发展变化，就必须结合教育观察、教育调查、教育实验、教育测量等多种研究方法，综合各种研究手段。

(三) 形成科学的结论

个案研究应深入地分析和研究个案的各种特征，揭示其关系与联系，形成科学的结论。

个案研究既可以研究个案的现在，也可以研究个案的过去，还可以追踪个案的未来发展。个案研究可以做静态的分析诊断，也可以做动态的调查或跟踪。由于个案研究的对象不多，所以就有较为充裕的时间进行透彻深入、全面系统的分析与研究。

一般可以根据研究目的、对象、内容的不同，采用追踪法、追因法、临床法、产品分析法等具体的个案研究方法。

1．追踪法

追踪法是对相同的个案进行长期而连续性的研究，研究者能真实而直接地获得研究对象发展变化的第一手资料，能深入了解个人或某一教育现象的发展情况，弄清发展过程中的个别差异现象。它对于研究青少年学生身心发展的顺序性、阶段性、成熟期、关键期，以及研究复杂教育现象的发展变化、某一教育理论的验证、某一教育措施的实施、某一教学新方法的探索、某些教育现象之间前后发展的关系等都具有重大意义。

2. 追因法

追因法是先见结果，然后根据发现的结果去追究其发生的原因。例如，某学生的学习成绩突然下降，我们去追寻他的成绩下降的原因，这就是追因法。运用追因法，往往要经历确定要研究的问题—假设导致这一结果的原因—设置比较对象—查找相关资料并进行对比—检验等过程。

3. 临床法

临床法也称临床谈话法，旨在通过各种交流互动的方式（包括面对面口头谈话、书面谈话、网上交流等），发现对象的各种特征与相关的规律性关系与联系。

4. 产品分析法

产品分析法又称活动产品分析法，也是个案研究的一种方法。它是通过分析学生的活动产品（如日记、作文、书信、自传、绘画、工艺作品等），来了解学生的能力、倾向、技能、熟练程度、情感状态和知识范围的方法。运用这种方法时，不仅要研究人的活动产品，还要研究产品制造过程本身以及有关的各种心理活动状况，这样就可得到更加科学的结论。

（四）撰写个案研究的报告

将个案研究的结果写成文章，就是个案研究报告。

个案研究报告一般包括两个部分。第一部分是对个案的详细说明介绍，包括关于个案的背景材料、历史状况、现实表现，作者对初步获得材料的分析与判断，采取的相应处置措施，以后的发展变化和表现，新产生的问题和矛盾与解决方法，获得什么结果，等等。这部分要具体、真实地描述，采取定量与定性相结合的办法，给出足够的数据、事实和其他材料（包括佐证和个人文件以及作品，检查与测定的资料，等等）。第二部分是对个案的分析与讨论，要在认真核查证据的基础上确立诊断，由"例"及"类"地分析个案材料中具有普遍意义的现象与规律，并且与类似的其他个案相比较对照，提炼出结论。

第九节　教育案例开发与案例写作

教育案例研究并非只是案例的写作。在校本研究的视野中，教育案例研究必然是一种教育案例开发。

一、教育案例开发的含义与步骤

案例开发是指学习者（也是开发者）基于自身的经验（教育教学的或者管理的），按照案例写作的有关要求，再现当初开发者所处的情境、内心的活动以及做出决策的依据，并将其经验与他人分享，从而促进自身与他人共同发展的过程。其实，案例开发也是案例研究的过程，不过，它强调的是作为一种资源的挖掘与运用。

案例开发是一个系统过程，它不仅仅指案例的写作本身。一般来说，案例开发分四个步骤。第一，开发准备阶段。这一阶段包括案例、案例写作、案例方法的相关知识培训、相互间交流经验（事件）。第二，个人案例写作阶段。这一阶段主要是个体基于个人经验，选择符合条件的事件进行案例写作。第三，案例分享阶段。此阶段的主要内容为团队内部讨论案例，分享问题与经验。第四，再思考阶段。通过第三阶段的讨论，开发者澄清了一些困惑，但也许有新的问题产生。这时，他要在原有成果的基础上，一方面，对原案例所涉及的问题进行思维策略方面的调整；另一方面，开始为新案例的写作做好准备工作。可以说，案例开发是一个封闭循环过程，整个过程呈现出思维策略及思维能力的不断提升。

案例点击　当学生犯了错误后，老师应怎样处理

长桥中学初二年级发生了这样一件事：一个看似聪明伶俐的男孩，几个星期前曾因在英语课上公开辱骂老师，遭到了学校的记过处分。之后，子居然又在作文中用恶毒的语言辱骂老师。语文老师看了之后，非常生气，但冷静下来之后，在作文簿上写下了几句悄悄话，原谅并告诉了该学生以后怎么做会比较好。悄悄的行动之后，老师和学生之间似乎有了某种默契，

虽然不能说学生有了某种明显的进步，但起码语文课上他始终是认真的。

后来，语文老师就写了这样一则案例——《当学生犯了错误后，老师应怎样处理》。"悄悄话"和"处分"是两种截然不同的方法，哪一种方法更好呢？不同的老师对不同的方法有各自的认识，各有不同的想法。市教科院的王老师正在学校参与教改和科研活动，她感觉这是个很好的话题，从中折射出来的东西很多。她认为，学校教师可以在日常的教育教学中，有意识地关注一些学生，追踪他们，尝试用不同的方法进行教育教学，并比较所得到的结果之间的差异，反思方法与结果间的联系。

王老师和学校科研小组的老师还发现，同年级的教师递交的案例对某些方面的问题都有某种共同的关注点。于是，科研小组的三位老师分别进入三个以年级组为单位的讨论小组，在讨论过程中引导老师将话题引向三个方面：好学生的标准是什么？学生犯错以后老师该怎么办？怎样关注每一个孩子？

在对这三个研究的问题达成共同认识后，学校教师和科研人员便一起讨论决定观察的对象与可以采取的方式等细节问题。这样，以个案研究为特点的行动研究就进入了一个新的阶段。

二、教育案例的构成要素与分类

关于案例，劳伦斯认为，"案例是对一个复杂情境的记录。……一个好的案例首先必须是一篇好报道。"汉森认为案例是"对真实事件的描写，其中所包括的内容，能足够引起大家思考和争论的兴趣，且富有启发性"。舒尔曼认为："一个案例，正确理解的话，不单单是一个事件或事故的报道。称某事为一个案例就相当于做一个理论断言——断言它是某事的一种情况或更大类中的一个例子。"这些论述都涉及案例的构成问题。

我们认为，一个好的教育案例，一般应由三个方面的要素构成，即情境描述、经验反思、理论蕴含。这三个要素中，情境描述是基础，没有了情境描述，就不能成为案例。只有现象的显示而看不到研究者的认识与思考，这充其量是"实录"而并不是发人深省的好案例。当然，如果一个案例能"以小见大""由例及类"，蕴含种种理论内容，启发人们进行深入的理性思考，那就再好不过了。

关于教育案例的分类，我国学者提出了许多有价值的分类系统。值得注意的是上海学者胡兴宏在进行课例研究时，提出了"以课例研究的深度"进行分类。他认为，课例研究可以分为"情境""经验"和"理论"三个基本的层面。据此，他将课例分为情境型课例、经验型课例和理论型课例。

①情境型课例。它描述了有价值、有启发性的教学情境，如经过加工的教学实录等。

②经验型课例。当经验性的总结、反思成为课例的重要成分时，课例的基本成分应变成"课例情境＋经验总结与反思"。

③理论型课例。这是具备一定理论深度的课例，其基本成分是"课例情境＋经验总结与反思＋理论阐述"。

案例点击　创造生命的精彩

随着上课铃声的响起，我携带着教学必备品，走上讲台。今天这节课要讲的是"循环小数的意义"。我按照课前的预设施教：1．拍节奏，悟规律；2．找规律，猜图形。"这些图形是有规律的，下面的除法竖式呢？"我话锋一转，"请动手计算1÷3＝？，58．6÷11＝？"边说边工工整整地写在黑板上。"第一题的商从小数点后第几位开始循环？第二题的商呢？"……一切按原先计划的那样推进，我感到很满意。

"老师，我们学循环小数有什么用啊？"毓斌同学突然一问，全班哗然。孩子们都来劲了，纷纷举起了小手：

学生1：学习像循环小数这样的知识，没多大用处。

学生2：我认为，刚才的竖式计算完全可以用计算器计算，免得浪费那么多的时间。

学生3：我不同意"学循环小数是浪费时间"，如果学习确实需要，该花的时间还是要花的。

学生4：用计算器多好，何必花这么多时间去笔算！

学生5：可我们都没带计算器啊！这就是老师的责任了。

出人意料的问题，打乱了原本正常的教学步骤。一向自信的我有些发慌了，但我马上镇静下来，竖起大拇指，对着学生说："大家的发言太精彩

了，真是好样的！"随即，我调整了教学设计，把原先要在课堂上做的竖式题放到课外，让学生借助计算器去完成，而把课后的作业"联系生活实际，说说生活中有哪些现象也是依次不断地重复出现的"移到课堂上来。学生们又投入到了对自然现象和生活实际的探索中——

学生1：春夏秋冬。

学生2：日落日出。

学生3：周一至周日。

学生4：地球绕着太阳转，月球绕着地球转。

学生5：人都是从出生到死亡。

学生6：人从出生到死不是依次不断地重复出现的，因为人死不能再复生。

学生7：虽然人死后不能复生，可他还有儿子、孙子……

确实，从人的个体来讲，他不是依次不断地重复出现的，但如果从人类整体的生命繁衍来讲，人从出生到死亡也是依次不断地重复出现的。

孩子们讨论得太好了！这真是智慧的火花，生命的精彩！

我情不自禁地鼓起掌来，教室里响起一阵热烈的掌声。此时，我真切体会到了什么是"震撼"，真切体会到了"教学相长"的实际意义，也更深切地领悟到了"师生共同发展"的内涵。这一节课，与其说是我教给学生新知识，不如说是孩子们大胆地质疑教材，敢于提出"这个阶段学习循环小数有多大用处"的问题这一行为震撼到了我，教育了我，从而促使我深深地反思：作为教师，我本应该明白传统教材存在着忽略为学生提供有价值的数学知识的弊端，本应该对教材很好地进行研究、取舍、改进，然而……

下课了，当我再次听到孩子们"谢谢老师"这稚气的声音，以往的习以为常变得有点儿窘迫。之后，我心里涌动着一种压力、一种鞭策，重新开始"为师"的远征……此时，我由衷地佩服他们——这群创造精彩生命的孩子们！

三、教育案例的结构及写作关键

一个好的案例应该符合一定的标准：非罗列式陈述，背景交代清楚，语言表达明确，充分揭示冲突，反映教学实践问题，且问题具有普遍性，篇幅要适当。具体来说，想写好案例要注意两个方面：

(一)注意案例的结构要素

从文章结构上看，案例一般包含以下几个基本要素：

1. 背景

案例需要向读者交代事件发生的有关情况：时间、地点、人物、事情的起因等。如介绍一堂课，就有必要说明这堂课是在什么情况下上的，如是在一所重点学校还是普通学校，是有经验的优秀教师还是年轻的新教师任课，是经过准备的公开课还是平时的家常课，等等。介绍背景并不需要面面俱到，重要的是说明事件的发生是否有特别的原因或条件。

2. 主题

案例要有一个主题。写案例时首先要考虑这个案例所要反映的问题，如说明如何转变后进生，强调怎样启发思维，或者是介绍如何组织小组讨论，等等。比如，学校开展研究性学习活动，不同的研究课题、研究小组、研究阶段会面临不同的问题、情境、经历，它们各有其特点，写作时应选择最有收获、最具启发性的角度切入，从而确立主题。

3. 细节

有了主题，写作时就不会有闻必录，而是对原始材料进行筛选，有针对性地向读者交代特定的内容。比如，介绍教师如何指导学生掌握学习方法时，就要把学生从不会学到会学的转变过程，特别是关键性的细节写清楚，不能只是把方法介绍一番，说到掌握就一笔带过。

4. 结果

案例不仅要说明教学的思路，描述教学的过程，还要交代教学的结果——某种教学措施的即时效果，包括学生的反应和教师的感受等。让读者知道结果，将有助于加深其对整个教学过程的了解。

5. 评析

对于案例所反映的主题和内容，包括教育教学的指导思想、过程、结果，以及利弊得失，作者要有一定的看法和分析。评析是在记叙基础上的议论，可以进一步揭示事件的意义和价值。评析不一定是理论阐述，可能是就事论事，有感而发。

（二）把握写好案例的关键

写文章要考虑方法，有了完整的故事结构并不等于有了好的案例。写好教育案例的关键有如下几点：

1. 选择复杂的情境

所谓"复杂的情境"是指故事的发生、发展具有多种可能性。教师在教育教学活动中面临着各种各样的问题情境，需要进行判断和选择。复杂的情境提供了更多的选择、思考和想象的余地，可以给人以更多的启迪。学校教育教学中有许多典型事例和两难问题，案例可以从不同角度反映教师处理这些问题时的行为、态度和思想感情，提出解决问题的思路和例证。当然，所谓"复杂"，也是相对的，因人而异的。撰写案例不能只顾讲述一个生动的故事，还要注意为什么讲、向谁讲的问题。

2. 揭示人物的心理

人物的行为是故事所讲的现象，人物的心理则是故事发展的内在依据。面对同一个情境，不同的教师可能有不同的处理方式。为什么会有各种不同的做法？这些教育行为的内在逻辑是什么？执教者是怎么想的？面对这些问题，案例能够深入人的内心世界，让读者"知其所以然"。这也是案例不同于教案和教学实录的地方。当然，真实地反映学生在教育过程中的想法和感受也是写好案例的重要一环。

3. 体现独到的思考

同一件事可以引发不同的思考。从一定意义上说，案例的质量是由作者的思考水平决定的，因为选择复杂情境，揭示人物心理，把握各种结构要素，都是从一定的观察角度出发，在一定的思想观点的引导下进行的。要从纷繁复杂的教育现象中发现问题、提出问题、解决问题，道出人所欲知而不能言的东西，需要练就一双慧眼。具备这样的功力没有什么秘诀和捷径，就是在长期的磨炼中去领悟和掌握。

案例能够直接地、形象地反映教育教学的具体过程，因而有很强的可读性和操作性，也非常适合那些有丰富实践经验的第一线教师来撰写。要写好案例，一是要有实践的基础和经验的积累，二是要有一定的写作技巧，但最重要的是加强理论学习，不断进行实践探索。一篇好的案例，可以胜过许多泛泛而谈的宏篇论著。

第十节 教育案例研究的意义

教育案例研究是一种质性的行动研究，其成果是一种"叙事"的成果，所以教育案例研究同前述的一些研究方法一样，其效用可以从两个方面来分析。

一、促进教师的专业发展

我国学者郑金洲在论及写作案例对教师的益处时指出，案例写作为教师提供了一个记录自己教育教学经历的机会；案例写作可以促使教师更深刻地认识到自己工作中的重点和难点；案例写作可以促进教师对自身行为的反思，提升教学工作的专业化水平；案例写作为教师之间分享经验、加强沟通提供了有效的表达方式。

还有的研究者用简洁的三句话概括了案例写作的作用，即教学问题解决的源泉，教学理论的故乡，教师专业成长的阶梯。

应当特别提到的是，案例研究是教师获得实践知识和形成实践智慧不可或缺的条件。如美国著名教育学家舒尔曼提出，教师的知识结构包括以下三类知识：原理规则知识，专业的案例知识，将原理规则运用于特殊案例的策略知识。教师与医生、律师和工程师等职业一样，是一个专业性很强的实践性行业。这些行业首先离不开规则性的专业理论的指导，同时由于其鲜明的实践特点和存在较多的不确定因素，它们又要求从业者具有丰富的实践知识和智慧。因此，就像医生拥有临床案例、律师拥有法律案例、工程师拥有工程案例一样，教师也必须拥有大量的教育案例。

二、提供多种多样的作品

（一）文字作品

从目前的情况看，文字作品的常见形式有以下几类。

一类是教育工作者撰写的单篇或结集的课例、个案或随笔式案例，它们可能散见于刊物、网上或结集出版。

一类是以案例评点、分析、研究为基础构成的专著，如窦桂梅的《听窦桂梅老师讲课》《梳理课堂——窦桂梅"课堂捉虫"手记》，周一贯的《语文教学优课论》，等等。

还有一类是专业工作者撰写的案例研究报告，如徐碧美的《追求卓越——教师专业发展案例研究》、范良火的《教师教学知识发展研究》等。

(二) 视频作品

在文本课例和课堂教学录像带分析的基础上发展起来的多媒体课例，结合了文本课例和录像带分析的优点，一方面为教师提供了直接感知课堂教学的机会，另一方面又使教师不仅作为一个观察者，还作为一个参与者，对课例进行深入的分析和学习。其结构如下图所示：

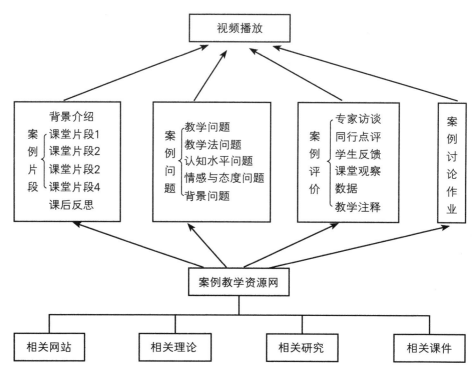

第四章 教育经验研究和
教育调查研究

　　以经验总结的形式对教育活动进行有目的的研究，可以说是源远流长。《学记》就是两千多年前我国古代对教育经验的概括，《论语》则是孔夫子的弟子们对其教育经验的总结，陶行知、苏霍姆林斯基等许多中外教育家也通过总结自己的教育经验而为教育科学领域增添了宝贵财富。今天，经验研究这种简便易行、利于促进教师专业发展的方法，仍然是教师做校本研究的重要形式。

第一节　教育经验研究的意义

一、经验与教育经验

（一）经验的定义

　　《辞海》对经验做出了如下解释："经历体验由实践得来的知识或技能。如：经验之谈；经验丰富。哲学上指感觉经验。是人们在实践过程中，通过感官直接接触客观外界而获得的对客观事物的表面现象和外部联系的认识。辩证唯物主义认为，经验是一切认识的起点，但只有上升为理性认识，才能把握事物的本质，更正确地认识世界和指导改造世界。有时泛指人们在实践中获得的知识。"这一解释概括了经验的四个特征：由实践获得；是对客观事物的表面现象和外部联系的感性的认识；它的内容和本质是客观的；有待于进一步上升为理性认识。人们总结经验，使它上升为正确的理性认识，是为了把握事物的本质，可以更正确地认识世界和改造世界。

(二)教育经验的定义

教育经验是指教育工作者在教育实践活动中所获得的一种主观认识。它来源于教育实践，又高于教育实践；它是对教育实践活动中各种成功的或失败的、积极的或消极的经验进行分析、提炼和加工以后的认识。也就是说，教育经验是研究者从教育活动的结果中总结和概括出来的理性认识，是能反映一定客观规律的精神产品。

(三)教育经验的获得

教育经验是从实践活动中得来的关于事物的本质和规律的理性认识。但实践活动本身并不能自然地变成教育经验，需要对实践活动的过程和结果进行思维加工，把在实践中经历过、感触到的片段和零碎的感想集中起来，使它们上升为理性认识，并从中找出规律性的东西，肯定成绩，明确问题，得出经验教训，并用文字写下来。教师总结经验时必须注意两点：一是教师要积累一定的教学经验，有经验可总结；二是要掌握总结经验的方法，具备应有的思维能力，如分析能力、比较能力、抽象与概括能力等。如果没有第一个条件，那么经验总结也就成了无米之炊；如果缺乏第二个条件，那必然会对经验总结带来一定的局限性。所以说，教师的经验总结就是这两个要素的有机结合。

二、教育经验的价值

著名教育家苏霍姆林斯基在《和青年校长的谈话》中认为，只有善于分析自己工作的教师，才能成为优秀的、有经验的教师。教育经验是教师胜任教育工作、进行教育创造、提高专业水平的"基础"，每位教师都应珍惜自己的这笔精神财富。

(一)教师的教育经验主导着实践

教育活动领域是一个充满变化和创新的复杂领域，教师从事专业活动时不仅需要一般性的理论形态的知识，还需要实践性的知识。陶行知先生在《"伪知识"阶级》一文中讲过："知识有真有伪。思想与行为结合而产生的知识是真知识，真知识的根是安在经验里的。"我国课程理论家钟启泉认为，作为专家的教师，是以"实践性知识"为基础和特色的。这种"实践性知识"是一种依存于特定情境的经验性知识，是高度个人化的、"默会"

的知识，它渗透于教师的具体行动中，积淀于教师的活动经验里。因此，可以说教师的教育经验主导着实践。

（二）教师的教育经验实现了创造

教师的工作不可能是按照某种理论或规定去"照章行事"，因为教育实践有自身的逻辑。根植于日常教育实践的教育经验充满着教师的创造。这正如丁钢教授所指出的那样："日常教育实践活动绝非仅是一种被动的策略，事实上它们向规范体系中注入不断翻新的内容，这种实践过程也构成了一种精细的策略艺术，即如何把自己的差异融进占主导地位的规范体系之中。""我们需要揭示那些在教师群体或个人中分散的、策略性的以及权宜性的创造力所采取的潜在形式，即在日常教育实践中的运作方式，描述其潜在的变化因素。把日常教育实践作为教育理论研究的出发点，着力关注教育实践者对教育的主动参与，并使日常教育实践成为教育教学变革的沃土。"

（三）教师的教育经验产生出理论

任何理论都来自于实践并接受实践的检验。教育经验是实践成果的思维加工产品，更应当成为理论产生的直接来源。1967年格拉斯和斯特劳提出了"扎根理论"他们指出，在社会学研究中，通过系统化的资料搜集及分析的程序而被发现的理论可被称为"扎根理论"，而这套系统化的程序可被称为扎根理论研究法。实际上，"扎根理论"就是指在经验资料的基础上建立理论。"扎根理论"不像一般的宏大理论，不是对研究者自己事先设定的假设进行演绎推理，而是强调对经验资料进行分析。"扎根理论"主要先通过比较，找出相关关系来提炼类属，然后建立起一个形式理论。

案例点击　有效教学"四条原理"的产生

顾泠沅在主持青浦数学教改实验时，先对所有的初中数学教师进行调查，获得至少160项教学经验（含教训），然后通过实践筛选后归纳成四条：①让学生在迫切要求之下学习；②组织好课堂教学的层次；③在采用讲授法的同时辅之以"尝试指导"的方法；④及时提供教学效果的信息，随时调节教学。这仅仅是有效经验。是否各条经验对提高教学质量具有必然性？这四条经验的内在关系如何？要想回答这两个问题，必须进一步进行教学实验，经过三年实验研究和理论探索，最后归纳成"情意原理""序进

原理""活动原理"和"反馈原理"四条有效教学原理并进行了理论联系实际的阐述。后来,他们将四条原理的文稿拿去征求高校教育专家的意见的时候,教授问他们:"从古到今提出过许多教育原理,为什么青浦就只有四条?"他们回答:"这四条在青浦教改中具有独特的效果。"教授表示赞同。最后,这四条原理成为国家教委推广青浦教改经验的主要成果之一。

三、教育经验研究

在一般意义上,我们把教育经验研究称为教育经验总结或教育科研中的经验总结法。它是指依据教育实践所提供的事实,有目的、有计划地分析、概括教育现象,揭示其内在联系和规律,使之从感性认识上升到理性认识,成为教育理论的科学研究方法。

我国学者施铁如认为,教育经验总结是通过人的理性思考,把所经历过的、所体验到的东西加工成反映一定原则、规律的精神产品。教育经验总结经过从分散到集中、从实践到理论、从结果到寻因、从局限到扩展这样一种加工、转化的过程,经验的总结从本质上来说是一种研究活动。

我们认为,在校本研究中,教育经验研究一般包括以下三方面内容:

(一)积累教育经验

教师在学校教育场景以及家庭、社区等日常生活场景中,通过亲历与习得,观摩与感染,获得了一些实践性的感受与体验,形成了一些感性的、初步的或者零散的认识。这些经验往往同行动结合在一起,具有默会知识难以言传、不很稳定等特点。这种教育经验的获得与积累,大体上是一种自发性学习的过程。

(二)重构教育经验

这是一种教师自觉、积极地建构自己经验的过程,通常要经过教师的经验反思与经验重建。经验反思是指为了获得新的理解和认识,个体所进行的一些探索经验的智力或情感活动。经验反思发端于已积累的经验,而又重新审视和评价这些经验,使之超越狭隘、肤浅与偏执的状态而成为有价值的认识成果。经验重建是对经验的改造,是在反思基础上对经验的提升。它可能是内隐的,也可能是外显的(如写出经验总结),其目标是观念在（图式化），其最高形态是理论化。

（三）共享教育经验

这是通过交流与对话，使教育经验不断发展、完善并成为学校的组织文化和教师们共同的精神财富的过程。在校本研究中，这一环节是十分重要的。吴刚平提出："一方面，要充分发挥优秀教师的示范、辐射和带动作用，开展校本教师培训，建设学习型的学校文化，使优秀教师的个人教育经验能够为更多的同事分享，转变为教师群体特别是年轻教师的共同财富。另一方面，要激活更多的教师去借鉴、创造、积累和表达新的教育经验，让学校涌现出更多的优秀教师。要鼓励和保护每一位教师立足于自己的课堂教学，参与和从事校本教学研究，解决真实的教学问题，提高课堂教学的质量和成效，提高教师自身的专业发展能力和专业发展水平。"

第二节　教育经验研究的特点

我国学者吴刚平认为，教育经验与教育经历并不是一回事。与教育经历相比，教育经验大体具有三个基本特征：一是必须以教育经历作为基础，二是思维活动高度参与，三是对教育者个体有依附性。

那么，作为一种研究方法，教育经验研究又有什么特征呢？

一、教育经验研究是一种质性研究

有人认为教育经验总结类属于质的研究范畴，因为它不是像量的研究那样操纵变量、检验假设，通过研究事物之间的数量关系来揭示事物的本质，而主要通过揭示事物的特征、发展过程和各种因素的相互关系来认识事物的本质。但经验总结与其他质的研究相比，也有一些不同。在对材料搜集方法的考虑上，教育经验总结不像其他质的研究那样讲究；在对资料了解和表达的深度和完整性上，教育经验总结不像其他质的研究那样详尽和原汁原味。它可以是接近于真实的描述，也可以是富于理性的论述。

二、教育经验研究是一种综合性研究

教育经验总结、教育实验法和教育调查法在教育科学研究过程中经常要配合、交叉使用，以其各自的优势互相补充，相辅相成，共同完成科学研究任务。例如，北京一师附小"快乐教育"实验研究中，就综合运用了经验总结法、调查法、实验法、测量法等研究方法。此外，在经验总结研究中，会用调查法搜集资料，用实验法进行经验的验证与筛选等；在教育实验研究中，也会用到经验总结法和调查法来辅助实验研究顺利进行。

三、教育经验研究是一种回溯性研究

教育经验研究是在某种实践活动大体告一段落，效果已有所显示时，再回过头去对感性材料进行思维加工，从而获得科学的、有价值的理性认识。有人把教育经验研究同实验研究、调查研究加以比较后认为，实验法是研究设计在先，经验事实在后，是"事前诸葛亮"；调查法的调查设计和经验事实在存在时间上具有同时性，是"事中诸葛亮"；经验总结法是经验事实发生在先，总结设计在后，是"事后诸葛亮"。因此，教育经验研究属于回溯性研究。

四、教育经验研究是一种追因性研究

如果说实验法是先确定原因（假设），然后考察这些原因导致的结果，那么经验研究则是根据已发生的结果去推究其原因，揭示这种因果关系，找到事物之间稳定的规律。从这个意义上讲，教育经验研究既是一种直接研究，又是一种间接研究。

五、教育经验研究是一种概括性研究

对实践经验进行理性的抽象概括是经验研究的显著特点。教育经验研究要准确地描述经验，然后经过归纳、分析、比较和概括，使之成为一种理性认识。能否上升为正确的理性认识是衡量经验总结成败的关键，因为只有上升为正确的理性认识，才能克服经验的片面性和局限性，使之具有普遍的指导意义。

第三节 教育经验研究的方式

教师的教育经验研究通常开始于教育实践，而在实践中积累一定的事实材料和初步认识以后，经过反思或交流，以文字、音像等物化形式记录、整理、保存下来，进一步在群体中传播、澄清和完善。一般来说，教师的教育经验研究方式是和教育经验总结或教育经验表述的方式难以分割的。

一、教育经验的概念化

所谓"教育经验的概念化"，就是以概念或概念系统来表述我们的实践经验，或者说是以理论表述的形式去概括实际经验。这是教育经验研究最主要的一种方式。教育经验的概念化作为教育经验走向教育理论的一种表达方式，是一种简约化的机制、它可以帮助我们确定问题的范围和核心所在，以"缩小包围圈"的形式，让我们在思想和行为上从复杂和繁乱中寻找到简单，建立起秩序，从而使教育的不断改进和完善成为可能。

教育经验概念化的实质是从经验事实中"提炼"出观点和理论。按照我国学者吴刚平的研究，概念化可以围绕以下几方面进行：

1. 寻找核心概念。当我们敏感地捕捉到一些有研究意义的教育现象和问题时，我们就可以去努力寻找一个或几个相应的核心概念来标识和表达我们的教育经验，用以指导我们的教育实践。这样的教育概念既可以是从已有的概念中移植和改造的，也可以是研究者创造性地提出的新的概念。

2. 树起概念框架。这是对已经找到的概念进行陈述，告诉人们概念所指教育事实的主要属性以及相关概念间的联系。当一个或几个核心概念不足以完整地表达教育经验时，往往还需要运用一些子概念和相应的范畴来构筑概念系统或概念框架，因为单个概念只有在与其相关的概念框架体系内才能获得其准确的意义。

③解释教育现象。构筑概念框架实质上是建立起一个研究和解决问题的基本模型，它是帮助我们探究、分析和解决问题的思想支架，而不是限制和束缚我们思想认识的枷锁。所以，我们要善于运用一个合理的概念框架来解释我们经历的教育现象、教育事实和教育行为，让这个概念框架把教育实践中的问题放大，把问题的症结、要害或本质、原理、要领看得更加清楚和明白，澄清误解、消除曲解，加深对教育的认识和理解，探索正确的行动策略。我们在这种解释教育现象的过程中，不断地积累、澄清和表达着我们自己的教育经验，从而丰富了我们的教育经验。

4.改善教育实践。教育经验概念化的目的是改善教育实践。实际上，真正建立在原理水平上的认识蕴含着巨大的丰富性。唯有原理，才具有认识实践的穿透力，才是创建新实践的理论基石。

案例点击　"教育经验概念化"两例

湖北省石首市实验小学实施了"优势教育与和谐发展"课题。课题的一篇总结文章概括了优势教育课堂教学时序结构的三大阶段：

第一阶段：以"知"引"不知"——激发学生表现欲阶段；

第二阶段：以"惑"引"释惑"——诱发学生成功感阶段；

第三阶段：以"懂"引"用"——发展学生自信心阶段。

如果我们想更概括地表达这三大阶段，那么我们可以用"三引"来表述。

北京市西城区新世纪实验小学在构建素质教育的办学模式中，提出了"三体结合"的教育模式和"三动合一"的课堂教学模式。

"三体结合"指"全体——整体——主体"结合，具体是指面向全体学生，提高整体素质，发挥主体作用。

"三动合一"指"生动——主动——活动"结合，具体是指让学生生动地学习，让学生主动地学习，让学生在活动中学习。

二、教育经验的叙事化

"概念化"是对大量经验事实的概括，但在许多情况下，教育经验的概念化的表达方式往往只呈现概念和范畴本身，而忽略了这些概念和范畴所依托的经验事实和具体情境，造成教育研究越精确，其与人类经验的联系越少的现象。因此，我们需要重视经验研究的另一种方式——叙事化。叙事化的研究其实就是要回归各种各样的教育经验或者说教育经验的活水源头，关注的是教育实践经验的复杂性、丰富性与多样性，同时在研究者和读者之间开放教育理论的思考空间，引申出教育理论视域的复杂性、丰富性与多样性。

教育经验的叙事化研究就是由教师本人叙述和反思自己在教育教学探索中所遭遇到的一系列教育事件。透过对教育事件的反思和叙述，教师积累、保存和公开自己的教育经验，进行教育经验的交流与分享，从而提高自身的教育教学修养和水平。这种表达方式改变了以往抽象的议论式和说明式的理论陈述或逻辑推导，转向记叙文式、散文式、手记式的表达方式，运用口语化的讲故事的形式谈体会。这种方式可以指向课堂教学叙事、学校生活叙事和教师自传叙事。对此我们在前面已经作了介绍，不再赘述。

三、教育经验的序列化

教育经验的序列化其实是以一种列举的方式去组织各种经验事实。特别是当实践经验主要体现为各种具体"做法"，并从不同角度进行探索的时候，经验是以某种序列的形式呈现出来的。当然，这种序列化了的经验也须有一个中心，须围绕一定的主题，须依据内在的叙述逻辑，但它的重点或意图并不仅在于抽象和概括出理论的认识，而在于记述各种具体化操作样式。许多经验研究都是循着这种发散性、具体化的思维方式而进行的。

案例点击

一

北京市某小学针对主体教育刚开始时教师存在的问题，提出了教师要"尊重孩子，保护孩子自尊心"的要求。通过教师的实践，这一措施取得了比较好的效果。最后，学校将这些做法归类为"六不"：不要简单否定孩子的想法，不要丑化孩子的形象，不要说孩子"不可救药"的话，不要动不动就揭孩子的短处，不要强制孩子一定照大人的意见做事，不要让孩子在公众面前难堪。

二

某教师创造了启发学生回答问题的十种方法：第一是积极等待法，因

为有时学生回答不出问题往往是由于心慌意乱，所以教师应当安定他的情绪，耐心等待；第二是旁敲侧击法，学生在思考主要问题时，再提出一两个有关的问题，加速学生的思考；第三是回忆法，让学生回忆有关的旧知识，以便解决新问题；第四是铺垫法，提出一两个较浅显的问题，让学生顺着这个思路往下想；第五是点拨法，在关键点上指点一下学生；第六是激将法，做出要让别人回答的样子，激励学生加快思考；第七是分辨选择法，学生七嘴八舌地回答，或者教师提出多种答案，让学生自己思考分辨，选择正确答案；第八是回述法，先由教师或别的学生正确解答之后，再让某个学生回述；第九是暂停法，让学生课后再想，然后找老师回答；第十是加深扩展法，当学生答对后，再提出一两个更难、更宽的问题。

第四节 教育经验总结的步骤与方法

一、教育经验总结的步骤

一项成功的经验不是在头脑中自发生成的，也不是在实践中自然产生的，而是在教师"实践—反思—再实践—再反思"的循环中产生的，它既是教师实践的产物，又是教师不断思索的结果。因此，教师要总结自己的教学经验，首先要从自己的实践中去发掘，再通过比较、分析、概括等思维活动来加以提炼和总结，既要从操作层面上来反映你的经验，又要从理论层面上来阐述你的经验。

（一）积累与搜集材料

经验性材料是指存在于教师记忆深处或蕴藏在教师的教案、教学笔记之中，能直接或间接体现教师的教育教学经验的各种形式的原始材料。材料的搜集是经验总结的第一步，也是教师经验总结的基础。教师要多方面地搜集自己的经验性材料，包括教案、教学笔记、教学心得、随笔、自己编写的练习卷和习题集、摄制的录像课等。教师还可以从同事、学校领导和一些教育专家那里以及学生的反应中了解他们的看法。

教师在平时的教育教学过程中，要有意识地去积累材料，不仅要进行材料保存、归档，还要把自己的一些想法或思考的问题记载下来，或在教案上注上自己的意图和设想，写一些上课后的心得体会，写一些教学随笔、教后感之类的文章，及时记载自己在教学过程中的点滴感受，记录下自己在教学中所运用的方法、手段及所取得的效果。

（二）分析和提炼材料

这是教师对教学材料进行分析、加工的过程，也是对各种教学经验进行概括与组合的过程。通过这种分析、加工，教师要在自己的头脑中初步形成一个比较清晰的关于经验的主要内容与整体框架。对经验的分析着重在对各种材料进行筛选、归类的过程，揭示各种材料的内在价值，找出各种做法之间的关系和联系。

分析和提炼材料时可以运用比较的方法：一是纵向比较，即把自己目前所用的方法与以前所用的方法相比较，看有哪些不同，什么地方是需要改变的；二是横向比较，即把自己的做法与其他教师的做法相比较，看有什么区别，自己的方法有何特点。要注意提炼自己有特色的经验和与众不同的、且有明显效果的经验。即使是遇到一些与其他教师有相同意义和相似内容的经验，也要总结出其中不同的做法，发掘出自己不同的思考点。

（三）撰写经验总结报告

撰写经验总结报告的过程是对原有材料进行重新整理与组织的过程，也是对自己原有的认识进行梳理的过程，使之更加清晰化和条理化。在写经验总结报告之前，教师首先要确定自己经验的主题，并根据这个主题来选择材料。选择那些有价值的、能充分揭示你的主题的材料，而把那些与主题无关或关系不大的材料舍去。然后构建文章的框架，并根据文章的框架，把各种材料放到相应的框架内，使各种材料在整体上形成一个逻辑体系，在自己的头脑中形成一个比较完整的思路。

经验总结报告鲜明的主题要通过具体的内容来体现。要通过记叙、描述、举例等方法把自己在教学中的做法具体地写出来，使人看了你的文章之后能清楚地了解你是怎么教学的；要尽量写出自己在教学中的独特之处，体现出个性。对于某些有丰富内容的经验，可以写一篇总的经验报告；也可以抓住某些经验点，写出不同方面的总结文章，这样可以从不同的角度来展现你的教学经验。

(四)运用并发展教学经验

教师写出的经验总结报告，不是经验总结的结束，而应当作为一个新的起点。在这个基础上，在实践中不断去开拓新的领域，不断去探索与尝试新的方法、手段，以获取新的认识和新的经验，把这些新的认识和方法补充到原有的经验体系中去，使自己的教育教学经验在时代发展的潮流中不断获得新的生命力。

二、教育经验总结的方法

教育经验总结并没有什么固定模式或特殊诀窍，它总是因人、因内容而异的。一般来说，可以从以下三方面入手：

1. 直接发掘教育经验中的亮点。发掘教育经验中的亮点时要特别关注三种类型的教学经验：有特色的经验；有内在价值的经验；当前还不够成熟，但有发展价值的经验。

案例点击　如何发掘教学经验中的亮点

一、有特色的经验

有特色的经验是指在做法上独特、有新意并有显著效果的经验。对于这样的经验，主要经过分析与提炼，发掘其内在的意义。洋泾中学的黄老师在一次经验介绍时说，他在教学中经常运用比喻来解释化学中的一些概念，如：用金庸笔下的杨过与小龙女"双剑合璧"的故事做比喻，让学生来理解硝酸的氧化性原理；在讲授"化学平衡"一节中的勒沙特列原理时，他用"有人存在逆反心理，叫他朝东偏要向西"作比喻，使学生加深对勒沙特列原理的理解。这是一种很有创意的做法，通过这种"寓教于趣"的方法唤起学生丰富的想象，并极大地提高了学生学化学的兴趣，在教学中产生了良好的效果。

二、有内在价值的经验

有些经验从表面上看似乎很平常，但实质上蕴含着非常大的价值。对于这样的经验，要透过表面现象，发掘其内在的闪光点，使教师认识到它的意义所在。洋泾中学的沈老师在英语教学中非常注重让学生查词典。乍一看，这一做法很普通，但我们进一步了解后发现，这位老师不是把查词典仅仅作为一种方法教给学生,而是作为一种能力与习惯来培养学生,把查词典作为英语教学过程中的一个重要组成部分。他不仅在课堂上指导学生查词典的方法,而且让学生在课外不断地运用、巩固此方法,自己则经常加以督促与检查。由此,我们看到这位教师在指导学生查词典的过程中,强化了对学生学习方法和学习习惯的培养,把培养学生一丝不苟的科学态度和踏踏实实的学习作风蕴含在"指导学生查词典"这一平常的行为之中。

三、当前还不够成熟,但有发展价值的经验

任何教学经验的形成都有一个从不成熟到成熟的发展过程。发现一些好的经验苗子,有目的地加以培育与扶持,使其快速地发展,这也是经验总结的一种方法。

有一次,我们偶然听到一位教师说,她在教学生写作文时,经常让学生在作文中画上一幅小插图,使文与画相配,让学生用不同的形式来表达自己的思想。我觉得这是很有特色的做法,但又觉得这位教师在这方面的经验还不够成熟。于是,我就与这位教师一起就这一做法进行了仔细的讨论,经过反复讨论,确定了以"小学绘画—作文教学的实践研究"为经验总结的题目,并初步构建了这一经验的总结框架:"绘画—作文"的现实意义、"绘画—作文"的实施步骤、"绘画—作文"的教学方法、"绘画—作文"的操作要点等。然后,我们从内容形式上对这一经验做了进一步的实践构想。这位教师经过一段时间的实践摸索后,形成了一套很有特色的教学经验。

2.对分散的、零碎的经验进行优化组合。教师在教学过程中自然积累起来的各种经验(我们称之为经验点),往往有散乱、零碎的特点,没有一个中心的思想贯穿在其中,各种做法之间也缺乏有机的联系。这就需要教师先对各种散乱、零碎的经验进行分析和概括,找出其共同的内涵与特征,形成一个主题,然后,按照一定的逻辑结构,把教师的各种经验点纳入相应的结构层次中去,从而形成一个有主题、有序列、有层次的经验整体。

3.先提炼出主题,再寻找与之相关的其他经验。如果说"零件组合"的方式运用的是归纳的方法,则"逐步扩展"的方式主要运用的是演绎的方法：通常可以先根据某教师的教学实际定出主题，然后根据这个主题寻找相关的经验材料，逐步丰富经验的内容，使经验系统更趋于完善。

案例点击 总结"化学教学中的迂回术"

浦东中学的许老师谈到，他在化学教学中经常用"弯弯绕"的方法："欲说 A，先说 B"，即在教一些抽象的概念和原理时，先说一些有关的故事和生活常识，"使学生从陌生的环境中找到熟悉的面孔"，然后再教相关的概念与原理。这不仅为课堂教学增添了乐趣，而且常常达到出奇制胜的效果。我们用"化学教学中的迂回术"对其做出概括，其基本思想是：运用《孙子兵法》中"以迂为直"的战略，不是直接接触教材知识的本身，而是借用与教材内容相关的其他事物为切入点，引出主题，从而化抽象为形象，化深奥为浅显。从经验总结中发现，这位教师在许多方面都运用了这种"迂回术"，经提炼，概括为：①借用诗词进行迂回；②借用哲理进行迂回；③借用实验进行迂回；④借用计算进行迂回。

第五节 教育经验研究的成果

一、改进实践的效果

教育经验研究对教师专业发展和学校建设具有极为重要的意义，因此，教育经验研究的成果首先表现在它"改进实践"的效果上。从教师专业发展的角度说，教育经验研究是对教师智力资源的一种开发，让教师在实践中积累起来的默会知识显现出来、鲜活起来，变为自觉性的理念，很好地指导实践，进而形成教育智慧；教育经验研究还有助于增强教师的自我效能感和成就感，使他们养成反思的习惯，提高元认知能力。教育经验在教师之间的交流和共享，也为教师群体的互动合作与共同发展提供了极好的契机。从学校建设的角度讲，教育经验研究实质上是学校文化建设和教师队伍建设的重要部分，教师的教育经验是学校特色的一个重要体现，是学校建设的精神财富，是促进教师发展的潜在动力，同时也是学校进行知识管理的具体措施。

二、专题经验总结

教师的教育经验研究的成果是用一种文本的形式表现出来的，那就是作为教师论文的专题经验总结。

专题经验总结的写法没有固定的格式，但其内容必须包括两个方面：一方面是情况的详细介绍，包括面临的情况、问题和工作条件，自己做了哪些方面的探索和实践，有什么进展或发生了什么变化，有什么绩效或起色，等等。这部分必须写得清清楚楚，有事实，有数据，有生动典型的例证，有具体易行的措施。另一方面是从自己的实践中概括出的经验教训与体会——带有规律性的认识。

上述两方面的内容，可按三种结构形式来组织：

第一，条例式。这种专题经验总结常用数字标明分段顺序，把过去、现在和将来，成绩、经验和教训，形势、任务和意义等方面，分条穿插叙写，有事例，有分析，有比较，有结论，形式新颖，别具一格。

第二，小标题式。把主要经验用小标题的形式分别写在一段的开头，然后分段叙写。这种结构形式中心突出，层次井然，引人入胜。

第三，全文贯通式。全文不用条例，也不用小标题，而是围绕中心，先叙述情况，后写体会和经验教训，一气呵成，融为一体。

撰写专题经验总结时一般存在三个问题：

一是空洞，也就是没有消化丰富的材料。克服这个毛病的办法当然是要在搜集和梳理材料上下功夫，使自己在动笔前就掌握丰富的事实和依据——既占有足够的背景材料（关于工作和事实发生的历史情况、自然环境、原有条件、物质基础等方面的材料），又占有当前的"点"和"面"的材料，还占有正面的和反面的材料。这样，写出的专题经验总结就会具体、实在。

二是杂乱，也就是没有选用恰当材料去突出主要观点。克服此毛病的办法是把观点和材料统一起来，通常的做法是用典型事例、一组相关材料或对比材料来说明一个观点，或用统计数字证明观点。

三是就事论事，也就是用抽象思维概括不出规律性的东西。克服这个毛病的办法从根本上说是要提高自己的科学理论水平和抽象思维能力，多在"由此及彼、由表及里"方面做一些思维"加工"。在撰写时注意三点：第一，从事物发展的不同阶段中研究事物发展的特点，并找出它的内部联系；tx fg，从各个不同的具体经验中找出共同的因果关系；tx dg，从多种不同事实的对比中，找出存在共同点和差异点的原因，从而既揭示一般规律，又揭示特殊规律。

"没有调查就没有发言权。"调查是认识客观事物、进行合理思考、提出解决问题的恰当策略和做出最优决策的必不可少的方法。校本研究离不开搜集研究对象的有关事实和数据。教育调查研究就属于一种以事实研究为主的实证性研究范式。

第六节　实证研究在校本研究中的应用

在校本研究中，许多教师倾向于运用行动研究、案例研究、叙事研究等质性研究，而对实证研究方法心存畏惧。其实这是大可不必的。

一、实证研究方法的基本特征

实证研究是一类以事实研究、定量分析为主要特征的研究，它强调的是，以实践中所发生的事实来证明结论，并包含着对数量分析的明确要求。校本研究使用的实证研究方法主要包括调查、实验、测量等。

我国学者杨小微曾对实证研究方法的基本特征做了如下归纳：

1. 在考察研究对象时，强调对象的客观性、独立性；

2. 在表述研究结论时，要求以量化资料反映客观属性；

3. 在形成研究思路时，要求事先设计并严格控制实施过程；

4. 在选择与处理资料时，强调观测预定变量并检验假设；

5. 在选择研究工具时，重视采用标准的量化检测手段。

我们这里介绍的教育调查研究方法和下面介绍的教育实验研究方法，都具有以上特征。

二、校本研究要运用实证研究方法

(一)实证研究可用于校本研究中的许多重要环节

实证研究方法除了运用于问题的发现和课题的选择外,在课题研究的前期也会广泛地运用,如:通过调查了解研究现状,以便研究后期进行效果检测和对比;发现研究问题的具体表现和成因,对解决问题提供实践依据;等等。

案例点击 一次关于学生作业的问卷调查

某学校教语文的陈老师设计的"新课程理念下的作业布置与研究"对学生每天完成作业所需的时间、学生认可的题目的难易程度以及学生所喜欢的作业类型等先后做了几次问卷调查。分析了这些调查数据后,他设计了多层次、多形式的布置、完成和评价作业的方式,有效地解决了学生不认真做作业和不按时交作业的问题,较好地提高了学生学习的积极性。

(二)实证研究也会贯穿于产生研究结果的全过程

为了使研究的结论更有说服力,需要搜集证据性的"信息",如实验研究确定实验因子后,需要观测实验结果或观测反应变量,具体可以采用写观察笔记、访谈笔记和教育日志等文字记录法,录音、录像等媒体记录法。这些方法所积累的资料是检测实验效果、提高研究的信度与效度的重要依据。从教师提交的研究报告中不难发现,他们大量采用了观察、调查和小型实验等实证方法去研究自己的教育难题。

(三)实证研究同其他方法综合、灵活地一起运用

首先是量的研究方法与质的研究方法综合运用,从而产生优势互补的作用。量的研究与质的研究各有其长处与短处,实证性的研究其长处在于:可以对教育现象的因果关系以及相关变量的关系进行判断、分析,可以通过一定的研究工具和手段对研究事先设定的假设进行检验,研究结果能获得比较准确的测量和代表性的数据,等等。其短处在于:只能对教育现象的一些比较表面的、可以量化的部分进行测量,对具体的细节与当事人的内心想法等则难以捕捉。因而,它还需要质的研究来弥补其短处。全国有

影响力的"青浦教改实验",与苏联赞科夫的"教学与发展"的实验一样,整个过程中有教学调查、经验筛选、教学实验、案例研究、成果推广等,从而构成了行动研究的完整过程。

其次是不同的实证研究方法的综合运用。如观察法是通过感官或借助一定的设备进行的,搜集到的是眼前发生的现象,但是要了解现象产生的原因就需要调查访谈法或追因研究法。又如通过调查搜集到的资料,可以帮助研究者建立实验假设的依据,这也是事后检测实验效果的重要依据。

第七节　教育调查研究方法的优势与局限

教育调查研究方法是调查者通过访谈、问卷、测验、座谈等方式,有目的、有计划、系统地搜集有关问题或现状的资料,从而获得关于教育现象等的科学事实,并形成关于教育现象等的科学认识的一种研究方法。

一、教育调查研究方法的优势

这种研究方法作为获取资料的便捷手段,在校本研究中经常用到,它的独特优势在于不受时间、空间限制,研究是在不干预研究对象的自然状态下进行的,而且研究手段多种多样。我国学者马云鹏认为,教育调查研究方法主要有以下几个优势:

(一)能够获得数量比较大的样本数据,具有较强的可信度

由于调查的方法在技术处理上相对来说比实验法和个案研究法等要简单一些,因此,可以根据需要,选择足够大的样本进行研究。这是调查法的优势所在。许多调查研究都选择比较大的样本,其普遍性和代表性就比较强。

(二)重心在对教育现状进行考察和研究,具有很强的现实性

教育调查研究都是针对当前教育现象中的一些热点问题或人们普遍关心的问题或亟待解决的问题进行的研究。研究者必须充分了解教育现状,

必须抓住现实中具有某种倾向性的问题。教育调查研究的现实性，为人们提供了研究教育实际问题的一个有力的工具。通过调查，人们可以更准确、更全面地对现实中教育方面的某些重要问题做出判断。

（三）在自然的教育环境中搜集资料，具有很强的实用性

教育调查研究都是针对某一个具体的问题，在自然的教育环境中进行的调查研究。在进行教育调查时，不必对教育过程进行控制，不必考虑实施某种特殊方法的影响。因此，它的实用性很强：在研究中根据具体的研究对象，利用问卷、访谈等研究方式，直接地或间接地搜集某一方面的资料，并采用恰当的方法进行整理和分析，便可得出对于某一方面问题的认识。

二、教育调查研究方法的局限

教育调查研究有许多优点，但它也存在一定的局限：一是它只能揭示事物之间的某种关联（相关关系），而不能可靠地揭示事物之间的因果关系；二是由于调查研究双方的主观偏见会造成调查结果有偏差。因此，运用这种方式时要注意它的适用对象和范围，尽量保证它的可信度和有效度，要与其他研究方法配合使用。

第八节　教育调查研究方法的分类与实施

一、教育调查研究方法的主要类型

教育调查研究方法可用不同的标准进行多种分类。从校本研究的实际看，以下分类较为合用。

（1）调查法按照搜集资料的具体方式和使用工具的不同，分为访问调查法、调查表法、问卷调查法、观察法、测量法等。

①访问调查法。访问者通过上门访问研究对象或利用电话直接与研究对象交谈，获取所需要的资料。

②调查表法。调查者以编制好的表格作为搜集资料的工具发给调查对

象，让他们依照表上的项目一一填写。

③问卷调查法。调查者运用事先设计好的问卷向被调查者书面了解情况或征询意见。

④观察法。研究者通过自己的感觉器官或借助仪器设备，实地观察所研究的现象或对象，获得有关资料。

⑤测量法。研究者以测量表或一定的测试题对研究对象进行测验，获得研究对象心理素质方面的资料。

（2）调查法按照调查对象的选择范围可分为个案调查、随意调查、普遍调查、抽样调查和专家调查。

①个案调查。专门对某一对象或某一事件进行调查。由于只集中于一个对象进行调查，所以调查能较为深入，取得比较细致的资料。

②随意调查，也叫街头调查。它与抽样调查一样只调查全体研究对象中的部分个体。但它与抽样调查不同的是没有经过科学的方法随机选择调查对象，因而当以所得到的资料来反映全体的情况时，就很有可能出现较大的误差。其最大优点是省时、省力、省钱。

③普遍调查。对研究对象的全体无一例外地全部进行调查。其优点是调查资料具有全面性和准确性。但是当研究对象数量比较大时，普遍调查的工作量会变得相当大，要耗费大量的人力、物力、财力。

④抽样调查。按照随机的原则从全体研究对象中抽取出部分个体作为样本进行调查，以便能够通过样本的情况来推测全体的情况。它既能达到研究的要求，又能节省工作量，因而是一种普遍采用的调查方法。

⑤专家调查，又称特尔斐法。是国外一种比较流行的方法。它也是部分调查，不过其调查对象是与研究课题有关的专家、学者。由于专家在与研究课题有关的领域有较多的研究和思考，所以通过专家调查，搜集专家们的意见、看法，可以获得所研究事物的状况和发展趋势等方面的资料。

二、教育调查研究的实施步骤

调查法尽管有上述各种不同的分类，但不管哪一种方法，基本都要遵循以下步骤：

（一）确定调查项目和调查对象

确定调查项目就是把调查的目标和内容具体化为可以实施调查活动的具体事件。调查项目要全面、具体、明确，对影响被调查对象的某些特征的直接或间接因素，都要考虑到。调查的项目最好能转化为具体的指标。

案例点击　一项调查研究所确定的指标

关于"上海市中小学生课业负担问题"的调查研究，对"学业负担"这一指标界定为：学生课业负担客观上表现为学生的学习任务，以及完成这些任务需要花费的时间与精力，主观上表现为学生在完成学习任务的过程中产生的主观体验。这里，研究者把"学业负担"分解成了客观上可以观测的三个二级指标：学习任务、学习时间、主观体验。学习任务又具体分解为三个指标：学生拥有的教学参考用书数、学生参加校内外各种课外"学习班"的比例、学生请家庭教师的比例。学习时间包括了学生在学校学习的时间、在家完成教师与家长布置的作业的时间以及参加各种"学习班"的时间。以这些方面的总时间和我国1990年颁布的《学校卫生工作条例》规定的"小学生每天学习时间6小时，中学生每天学习时间7小时"进行比较，来判定学习时间是否合适。学习任务和学习时间都是以客观存在的具体事物作为调查指标的。学生在完成学习任务的过程中产生的主观体验难以化成客观现象的数量加以考察，所以该指标采用社会测量和主观评价的方法，即研究者在一些问题中让学生就他们对完成作业、学校学习生活等的主观感受做出等级性评价。

在确定了调查项目以后，就应选取调查的对象，此间有两件事必须做好：

1. 确定调查的总体

总体即全体调查对象。总体是由于某一共同特性而结合起来的许多个别事物的集合体，它们具有某些相似的特性。这些特性，是对研究对象的质的规定。对学生而言，它们可以是年龄、性别、级别、所在学校类型、心理特质等；对学校而言，它们可以是地域、类型、规模等。这里所说的把许多个别事物结合起来，并不是实际上把它们组织起来，而是在观念上把它们视为一个整体。在观念上把它们视为一个整体所依据的特性是由研究目的而定的。例如，"农村中学教师队伍状况的调查"这一课题，根据其研究目的，以"农村"这一地域特征和"中学"这一学校类型来定性调查对象总体。也就是说，所有的农村中学教师构成了该课题的研究总体。对总体特性的要求，要根据研究目的来考虑。对于一些含义模糊的特性，我们必须给予具体界定，使得在选择对象时有明确的客观标准，以保证研究的准确性。

2. 抽取一定的调查样本

调查总体往往数量巨大，实际上不可能对总体的全部个体一一进行调查。因此，在确定了总体之后就要考虑如何从中抽取一部分样本作为研究的对象。为了使样本的情况能够全面、客观地反映出总体的情况，调查者就必须运用科学的调查技术。教育调查中确定对象的常用方法有抽样法（包括随机抽样和非随机抽样）、全体法和个案法。

随机抽样是保证总体中每一个样本的入选概率相同的方法。随机抽样又可分为：①简单随机抽样，如抽签、摸彩、抓阄、随机数目表等；②集团抽样；③分层抽样，即按照一定的标准把总体分为若干层，使层内群体具有同质性，层次之间差异较大，然后在每个层次中选取一定数量的调查对象；④二阶抽样，即先随机抽出总体中的某些群体，再在已抽出的群体中随机抽取个体组成样本。非随机抽样包括判断抽样和任意抽样。

在抽样时还要注意根据调查的目标和总体的大小保持必要的数量。

案例点击 "学业不良少年心理健康状况"的研究对象

本研究的被试为学业不良学生，同时匹配非学业不良学生 (成绩中等以上) 为对照组。本研究主要以学生考试各门主课的平均成绩为依据，同时参考有关档案资料及老师的评价，来确定被试的入组。确定学业不良学生的具体标准是：(1) 总体智商在85分以上；(2) 主课平均成绩在全班末位10%以内；(3) 班主任对其学业状况的综合评价为"学习不良"或"后进生"；(4) 没有明显的躯体疾病或精神疾病。据此，本研究从北京两所普通小学、两所普通中学随机分层取样。小学选五、六年级，共涉及32个班级，选取有效被试272名 (平均年龄11.3~15.27岁)，其中学业不良学生133名，非学业不良学生139名。

（二）拟订调查计划和选择调查工具

在实施调查之前要制订一个具体的工作计划，写清研究的主要内容、调查的方式方法，确定工作的主要程序，做到心中有数。调查计划一般应包括：调查课题及研究的意义；调查范围及调查对象；调查的时间及地点；调查的具体方法；调查日程安排。拟订计划要注意以下几点：

①采用何种调查方法。调查方法的确选取要依据搜集资料的种类而定。态度方面的资料用问卷调查法；行为方面的资料可用观察法；智力、个性以及学业表现方面的资料可用测量法。有的研究用单一的调查方法，有的研究可能同时采用几种调查方法。

②调查项目。调查项目要根据调查目的加以考虑。先从几个大的方面确定调查项目，再由此逐层分解成具体的小项目。最后分出的小项目要具有可操作性。

③调查进程的有序安排。

④选择和编制调查工具。制作调查表格、观察记录表、问卷、访谈提纲，编制测验题目。在编制调查工具时要遵循一定的技术要求，以保证调查工具的科学性、实用性。

（三）搜集资料并实施调查

调查实施的过程总是伴随着事实与数据的搜集。在搜集材料时要尽可能保证材料的客观性，注意不把客观"事实"同带有主观色彩的"意见"混在一起；凡多个人员参与，采用访问、座谈等方式搜集的材料，要用统一标准或统一表格做记录；要尽可能采用多种途径和方式搜集不同角度和侧面的材料。

调查的实施可以分两步走。首先是进行试探性调查，这种调查不是为了得到关于调查对象的详细资料，而是为了得到一些一般性的了解，从而考察调查项目和调查程序的合宜性，对调查项目和程序做出相应的调整、修改。然后再用编制好的调查工具，根据各种调查方法的具体要求开展调查。

（四）整理材料并得出结论

材料整理主要包括检查（检查材料的完整性、一致性、可靠性等）、汇总、摘要、分析（从"定量—统计等计量方法""定性—理论分析"两方面分析）等环节，在此基础上就可以形成结论了。

（五）撰写调研报告

见本章第十节。

第九节　教育调查研究方法的具体形式

教育调查研究方法有许多具体的操作形式，如问卷、测量、调查表、访谈等。这里主要介绍问卷、调查表和访谈。

一、问卷调查

所谓问卷，是指设计一组与研究目标有关的问题，通过调查对象的回答来搜集人们对教育的意见、态度方面的资料。问卷法具有简便易行、省时、省力、调查面广、信息量大、真实性强的特点。特别是无记名问卷，调查者与调查对象不用面对面地谈论易引起情绪波动的问题，消除调查对象心理方面的顾虑和障碍，从而可得到客观真实的材料。问卷调查的质量主要取决于问卷题目的质量，若问卷题目设计不当，则难以搜集到有效的信息资料。

（一）问卷的结构

问卷通常由问卷说明（引言）、注释和问卷文本组成。

问卷说明也称引言，应包括调查目的、意义、主要内容、调查组织者、选样的原则、调查结果的使用者、保密措施等。问卷说明一般印在问卷的封面或封二上。

注释一般指对填写问卷的具体要求，有时也包括对条款及措辞的进一步诠释，如"请您选出一个您认为最佳的答案""请尽可能多地进行选择"等。注释一般应包括四个内容：对选择答案所使用的符号的规定；对计算机代码表格的解释；对回答者署名与否的说明；对返还问卷形式（面交、邮寄或其他方式）及时间的说明。

问卷文本一般包括指导语、对象的自然状况、问卷题三个方面。

指导语是问卷说明的操作化语言，要通俗、亲切、简洁、流畅，使调查对象较快地进入状态。

对象的自然状况是姓名、年龄、单位、班级、学号、通信地址等有关对象的自然情况。在调查中，还可视需要增减有关项目。如：增设对象父母等家庭成员的情况，对象生活、学习环境条件等情况。

问卷题是问卷的主体，问卷题目设计的科学性、合理性、针对性如何，是调查成败的关键。问卷题设计主要有两种类型：开放式问题和封闭式问题。

开放式问题要求应答者作出自己对某个问题的回答，如"你认为学校当前面临的主要问题是什么？"需调查对象自己写出答案来。封闭式问题则由研究人员提供对该问题的若干种答案，由调查对象在这些答案中进行选择，如"你认为学校人事制度改革有无必要？ A.很有必要；B.有必要；C.可有可无；D.无必要"。

封闭式问卷是问卷设计中较多采用的一种形式，它可以提供比较整齐划一的答案，便于运用计算机加工处理信息资料。但其缺点是容易遗漏研究人员事先所划定答案之外的信息。同时，由于事先给出答案选项，又可能造成"被迫"回答的情形。开放式问题在一定程度上可以克服封闭式问题的缺点，答案遗漏较少，"强迫"回答的可能性小，但也因此可能出现答非所问的情况。同时，开放式问题答案复杂多样，使答案之间的可比性下降，给资料整理带来相当大的困难。此外，运用开放式问题要求应答者有较强的写作能力和语言表达能力。

（二）问卷题的编制

问卷题的设计、编制通常有以下几种类型：

1. 是非题

问题的答案只有同意和不同意两种，回答者必须选择其中之一。

如：认为高中分快慢班教学是否有必要？

是□　否□

2. 选择题

问题的答案相互之间不是矛盾关系，只是类别、程度、数量的不同，回答者可以从中选择一个或几个答案，这是当前问卷调查中最常用的形式。选择题一般有等级式、并列式两种。

①等级式：备选答案是由具有等级意义的词汇或数字构成的问题。

如：你经常参加课外活动小组的活动吗？

A.经常；B.有时；C.从不。

等级式常见的问答量级有：A.极好；好；可以；一般；坏；不知道。B.很满意；满意；一般；不满意；很不满意。C.有规律性；偶尔；极少；从不。D.很喜欢；较喜欢；一般；不太喜欢；很不喜欢。E.非常同意；同意；中立；不同意；很不同意。F.很重要；重要；较重要；不重要；不知道。

②并列式：备选答案是由等价的、各自独立的词汇构成的问题。

如：你认为你每天背诵英语的最佳时间是何时？

A. 早晨；B. 早自习；C. 中午；D. 课间；E. 晚饭后；F. 其他。

3. 填空题

它是在问题中留有一定的空白，让调查对象填写回答的题型。

如：你最希望开设的选修课是＿＿＿＿＿＿＿。

4. 问答题

它是允许调查对象充分自由作答的开放式问题。

如：请你谈一谈对小学实施素质教育的看法。

5. 排序题

它是让调查对象根据一定的要求给答案排序的问题。

如：你的品德形成中，按影响程度的大小，把下列因素依次排列：父母，同学，教师，邻居，校长，英雄人物，其他。

(三) 编制问卷应注意的问题

1. 条款必须清晰明了

通常情况下，问卷设计者对要进一步研究的某个课题考虑得很多，也比较清楚。但对被调查者来说，可能对该问题很少考虑或根本不知道。

2. 避免双向问题

所谓双向问题，是指要求调查对象用一个答案来回答两个以上联系在一起的问题。

如：在高中阶段的英语教学中，应增加听力训练课而减少阅读训练课吗？

A.是；B. 否；C.都增加；D. 都减少。

这是一个双向问题。答案中的"否"含义不清。若有人选了"否"，那么研究者除了知道应答者不同意题目中的说法以外，一无所获。

3. 避免使用假定性问题

假定性问题是指用虚拟语气构成的问题。如"假如……你是否会……？""如果……你将会……？"这种问题常用于意愿调查中。假定性问题的答案，不足以掌握调查对象经常的、稳定的心理和行为倾向，难以作为调查统计的依据。

4. 避免使用否定句

在调查中，调查对象往往把句中的否定词漏掉，结果把否定句看成肯定句，造成答案混乱。有人曾做过一次试验，设计了一个问题。

如：只有本科学历者不可在大学中任教。

A.是；B. 否；C.不知道。

通过对比研究发现，许多选择了否定回答的其本意是认为只有本科学历的人不可以在大学任教，而不是否定条款的陈述，结果造成答案错乱。

5. 根据对象特点确定问卷的篇幅及问卷时间

提出此要求，主要目的在于提高问卷调查的效率与效益。如对于年龄较小或文化水平较低的调查对象，问卷难度应降低，题量应减少；而对于文化水平较高的对象，则应提高难度，增加题量。在答题时间设计上也应有所区别，一般来说，对中小学生的问卷，答题时间应控制在半小时以内，而对于教师的问卷，答题时间可控制在一小时左右。

二、调查表

调查表和问卷都是用书面形式搜集材料的一种调查技术，二者的区别在于问卷偏重于对意见、态度的征询，而调查表则偏重于对事实及数字的搜集。调查表的一般结构应包括：

①填表说明。简要说明调查的目的、要求、有关指标的计算方法及填表注意事项。

②表的序号。对调查内容应分级、分类编号。

③表的名称。标题应能反映调查表的基本内容，通常在标题下列出内容的年度期限。

④表身。表的纵横行列之间的线条要明晰，重要部分可用粗线区分；表的左右两边不画线；填写数字的空格一定要横格；为防止答案的虚假，宜有可以相互参证的项目。

⑤表尾附注。表身下面的表注，主要是对个别项目的要求或特别说明，表尾最后一定要注明调查单位，并留有填写调查员、填表人姓名、填表日期的空位。

三、访谈

（一）访谈法的要义

访谈是调查人员通过与研究对象或其他有关人员面对面地交谈，直接收集材料的手段。访谈法在调查研究中有不少优点，最突出的就是简便易行。比起问卷、观察等方法来说，由于能根据交谈情况灵活地反馈、调节，提出更深刻的问题，所以访谈法能获得更多的有用信息。访谈法的缺点是，较之问卷法需要花较多的人力、时间，使研究对象的数量受到一定限制。所以访谈法较适合于调查对象少的情况。另外，所得资料的数量和质量受访谈者个人因素影响较大，访谈者的年龄、外表、态度、语气、情感等都会影响到被调查者的回答。因而该方法对访谈者要求较严。

访谈有正式的也有非正式的。正式的访谈要征得被调查者同意，严格按照预先拟订好的计划进行。其好处是能直截了当进入主题，在短时间内获得所需要的资料。但这种气氛往往使被调查者先存戒心，谈话留有余地，影响资料的真实性。非正式访谈中，调查者通过与被调查者日常的接触，与其在轻松气氛下交谈。它往往通过迂回的方式了解主题，常常能获得意想不到的材料，但花的时间较多。访谈还可以分为个别访谈和团体访谈。团体访谈实际上是开调查会。它比起个人访谈节省时间，并且有利于众人相互启发，促进问题的深入。但有一些问题在团体方式下，会引起个人自由表达意见的顾忌。

访谈的内容一般有三类：一是了解事实，要求被调查者提供其所知的有关客观事实的材料；二是征询意见，征求被调查者对某些教育现象或问题的看法、意见；三是了解个人各方面的情况，包括家庭、个人经历、爱好、愿望及各种心理品质等。

（二）展开访谈的注意事项

①选择访谈对象时应考虑对方是否拥有研究所需要的有价值的事实材料，以及对方是否愿意提供有关材料。

②要事先了解被调查者的有关背景情况以及他的性格、爱好，以便为友好深入地进行交谈打下基础。

③访问前要对交谈的主题、提问的方式、措辞做各种可能的考虑。最好有一个访谈提纲，包括访谈的目的、步骤、具体的时间、人员、内容、要点以及访谈对象的安排等。

④交谈中要自然、轻松，表现出诚恳谦虚、热情有礼的良好状态，以取得对方的好感、信任和合作。

⑤交谈中要持平等、公正、中立的态度，不要对所谈问题擅加评论，防止本身情感性的言论、行动对被调查者的表述起暗示或影响作用。

⑥交谈中提问题要简单明了、易于回答。要善于了解对方的心理变化，灵活提出问题，引导交谈的深入。要注意避免触及个人隐私，造成被动、不快的局面。

⑦要严守保密性原则，对于被调查者的顾虑，可通过对交谈内容保密的承诺来消除。

（三）访谈中的回应技术

回应指的是调查者对被调查者在访谈过程中的言行所做出的反应，包括言语反应和非言语反应。回应的目的是使自己与对方建立起一种对话关系，及时地将自己的态度、意向和感觉传递给对方。回应会影响到被调查者的谈话内容和积极性。常用的回应技术有以下几种：

①认可。认可指的是调查者对被调查者所说的话表示已经听见，希望对方继续说下去。其方式包括言语行为，如"嗯""对""是的""是吗""很好"等；非言语行为等点头、微笑、鼓励的目光等。这些方式可以使对方感到自己被接受、被欣赏，从而起到鼓励对方多说话的作用。

②重复、重组和总结。重复指的是调查者将被调查者所说的事情重复说一下；重组指的是调查者将对方所说的话换一个方式说出来；总结指的是调查者将对方所说的内容用一两句话概括出来。这三者虽然形式不同，但都有类似的功能：为对方厘清所谈的内容；检验自己对对方所谈内容的理解是否准确；表明调查者在注意倾听并满怀兴趣，从而鼓励和促使对方继续往下说。

③追问。追问指的是调查者就被调查者前面所说的某一个观点、概念、事件或行为进一步探询。其目的是更多地了解事情的细节或对方的看法。追问要适时，不要打断对方的思路；还要适合，不要追问使对方为难的问题。

④自我暴露。成功的调查者在访谈中并不总是倾听和点头、微笑，在适当的时候也应该以适当的方式暴露自己。自我暴露指的是调查者就对方所谈的内容通过述说自己的经历或经验做出回应。这可以使被调查者了解到调查者曾有过与自己一样的经历和感受，从而拉近双方的心理距离，使访谈关系变得比较轻松和平等。但是这种自我暴露要适当，避免喧宾夺主。

要注意不管什么情况下都不要用论说型和评价型的回应。论说型是做理论性的分析，这容易显示出调查者的优越感，给对方一种居高临下的感觉，使被调查者感到自己是在被分析，而不是被理解。这会使被调查者心理上产生排斥感，不愿意继续合作。评价型是调查者对对方的谈话内容进行价值上的判断。它会妨碍被调查者自由地表达自己的思想，因为他害怕调查者对自己的想法品头论足，所以他可能有意隐瞒自己的真实想法。

第十节　教育调查研究的成果

运用调查方法进行校本研究，除了帮助教师深入、具体地了解教育工作的实际情况，及时提出解决问题的策略和方法，推进教育的改革与创新以外，对教师成为自主学习者、行动研究者和实践反思者，以及提高专业素养和研究能力、养成职业敏感和严谨学风，都有着重要的意义。

教育调查研究的成果常常以撰写调查分析报告的形式来展示。调查分析报告一般由标题、概要、正文、结尾、附件等几部分构成。

（一）标题

标题由内容来决定，必须是点睛之笔，要求做到揭示主题、文题相符、高度概括、有吸引力。其形式有"直白式""设问式""亮明观点式"等。

（二）概要

概要即调查报告的内容摘要，主要包括三方面内容：第一，简要说明调查的背景、调查的原因和预计达到的目的；第二，简要介绍调查的对象和调查内容，包括调查时间、地点、对象、范围、要点及所要解决的问题；第三，简要介绍调查研究的方法。介绍调查研究的方法，有助于说明调查结果的可靠性，并说明选用该方法的原因。

（三）正文

正文是调查报告的主要部分。正文部分必须准确阐明全部有关论据，包括问题的提出、引出结论、论证的全部过程、分析问题的方法等。写作的大概结构可分为引言与论述两部分。如果说引言是引出话题、引人注意的话，论述则是整个正文的主干。

论述的重点应放在分析、说明被调查对象的发生、发展和变化过程，调查的结果及存在的问题，提出具体的意见和建议等要素上。由于论述部分一般涉及的内容很多，篇幅较长，写作时也可以采用概括性或提示性的小标题形式，以突出文章的总体框架和中心思想。但不管用多少个标题，论述部分都大致可分为基本情况部分和分析部分两方面内容。

（四）结尾

结尾部分是调查报告的结束语。结束语一般有三种形式：①概括全文。综合说明调查报告的主要观点，深化文章的主题。②形成结论。在对真实资料进行深入细致的科学分析的基础上，得出报告结论。③提出看法和建议。通过分析，形成对事物的看法，在此基础上，提出建议或可行性方案。或者是三者兼而有之。

（五）附件

附件是对正文报告的补充或更详尽的说明，包括数据汇总表、原始资料、背景材料和必要的工作技术报告。例如，在调查报告里，我们可以把相应的问卷选一部分作为我们调查报告的附件。

案例点击　小学生听课效率调查

上一学期，从第十一周的11月11日开始到第十九周的1月4日为止，我们对四(2)班6位学生的听课效率进行了调查测定，一共听了5节课，取得了30个数据。现将调查的情况归纳如下：

一、调查目的

找出在40分钟的数学课中，学生注意力集中和情绪稳定的时间，为课堂教学重点的安排和用最经济的时间取得较好的课堂教学效果创造条件。

二、调查方法

1．用个案研究，对6名不同学习成绩的学生进行课堂观察。一名教师跟踪一名学生，以5分钟为一个单位时间，当场做好记录，事后打分、计算并列表。

2．调查内容限于学生在上课40分钟内注意力的稳定性和情绪变化，分为下列四个方面：

(1)举手率。每5分钟为一个单位时间，一节课40分钟共分8段，做好记录(以下均同)。把教师提问的次数作为分母，学生举手的次数作为分子，算出举手率。

(2)注意力和情绪失分。算出8个单位时间内的失分数。假设每个学生应得满分5分，每做一次小动作或开一次小差扣1分。

(3)注意力和情绪得分。照五级分制，对每个单位时间内学生表现进行评分。

(4) 发言情况。上课时，只要老师请学生发言，观察者就要将学生每次发言的情况用描述的方法写在相应的时间段内。

三、调查的结果和分析

1. 学生上课40分钟的注意力和情绪是有节奏起伏的，有一条注意力和情绪曲线。这条曲线总的形状是中间高两头低，呈正偏态。

把注意力和情绪失分0.5分以下（含0.5分）以及注意力和情绪得分4.5分以上（含4.5分）的时间定为听课注意力较稳定的时间。从图1可见，学生在一节课中注意力较稳定的时间在上课5分钟后至上课28或30分钟之间，总计23至25分钟（图1中所显示的是注意力较稳定的时间，下同）。

2. 学生上课40分钟的注意力和情绪起伏固然有其共同规律（如前所述），但又不尽相同，因人而异。按不同类型的学生分析：成绩较好的学生注意力和情绪曲线比较平直，注意听课的时间大于平均值，大约在36分钟（见图2）。中等学生的曲线有起有伏，呈抛物线状态，注意听课的时间接近平均值，大约有23.8分钟（见图3）。后进生的曲线变化比较大，忽上忽下，呈波浪形，注意听课的时间比较短。同一个学生在不同的时间，注意力和情绪曲线也有不同变化。例如，杨×同学，11月22日患伤风咳嗽，举手率、失分和得分曲线都很不稳定，出现了与往常不同的双峰起伏（见图4）。

3. 学生上课时注意力和情绪的变化受教师教学方法的影响更大。

4. 教法得当能唤起学生注意、提高学生情绪。我们还发现，即使是在学生注意力和情绪曲线下降时……

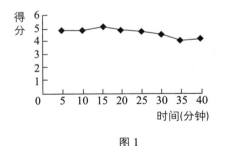

图 1

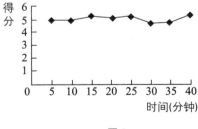

图 2

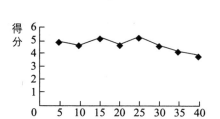

图 3

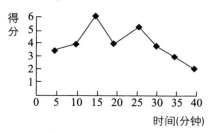

图 4

第五章　教育实验研究和教育测量研究

实验研究法是在中小学教育研究中运用较普遍的方法。它是由自然科学研究引入到社会科学研究中的。教育研究中的实验方法强调人为地控制教育因素，论证某一假设，进而证实教育现象中某种因果关系。实验的方法是一种比较严格的研究方法，其研究过程需要按照一定的规范设计和实施。中小学教育中的许多问题适合运用实验的方法进行探索和研究。

第一节　实验方法概述

实验法是随着数学和自然科学的发展而在近代兴起的一种科学研究方法。它是通过人为地控制某些因素以揭示某些变量间的因果关系的方法。现在这种方法已越来越多地被用于包括教育在内的社会科学领域。

一、教育实验研究方法的含义

教育实验法是研究者根据一定的目的和计划，在人为严密控制的条件下，有计划地操纵实验变量，对教育对象（被试）施加可操纵的教育影响，然后观测教育对象的各种变化（即教育的效果），以此推断所施加的教育影响与教育效果之间是否存在因果关系的研究方法，是一种崇尚精确、要求规范的研究方法。

在进行教育实验时，根据实验设计难度的不同、系统操纵自变量的程度和内外效度的高低，特别是对无关变量控制的有效程度，可以把实验分为前实验、准实验和真实验三种不同水平的类型。真实验能够随机抽取与分配被试，被试者具有同质性，能够系统操纵自变量，严格控制无关变量，内部效度高，能够准确地揭示自变量与因变量之间的因果关系；准实验无法做到对被试者进行随机取样，一般按现行班级进行实验，能对一部分无关变量进行控制，但无法完全控制无关变量；前实验无法随机分配被试，不能有效地控制无关变量，误差高，效度低，往往不能说明因果关系。严格来说，只有真实验是真正意义上的教育实验。但是，鉴于教育本身的复杂性和开展教育实验的实际困难，目前被业界人士一致认同的是，只要能在研究中做到操纵实验因子，确实地尝试改变现状，这样的研究（即前实验）就可笼统地被称为教育实验。

教育实验研究主要包括三个基本要素：①一定的理论和假设；②人为控制某些因素；③论证某种因果关系。

教育实验研究过程，通常是在科学的教育理论指导下，提出一个具有因果关系的假设，以这个假设为出发点选取被试，按照某种方式对被试实施处理和测量，最后通过统计分析确定所提出的假设是否成立，进而论证某一因果关系。

案例点击　"评价方式对学生学习的影响"的实验研究分析

"评价方式对学生学习的影响"这样一项实验研究，其研究的问题是不同的评价方式对学生的学习会产生什么不同的影响。在研究过程中，运用心理学和教育学的有关理论，提出的假设是"表扬和鼓励的评价方式比批评和指责的评价方式更能激发学生的学习动机"。为检验这个假设，研究者选取了108名小学生为被试，对这些被试先进行一次测验。然后，以测验成绩为基础，将被试分成四个人数相等的组，让四个组在四种不同的条件下进行难度相等的有理数运算练习，每天15分钟，共进行5轮。这四种条件是：第一组为受表扬组：每天练习后教师予以表扬和鼓励，当众宣布受表扬同学的姓名。第二组为受训斥组：每次练习后，教师总是点名批评和训斥这一组被试，而不管他们实际做得如何。第三组为静听组：静听组既不受表扬也不受训斥，而是静听他人受表扬或受训斥。以上三个组都在一个屋子里进行练习。第四组被试是单独练习，既不受表扬也不受批评，也听不到别人受表扬和批评。最后，在对实验结果分析的基础上，验证提出的假设是否成立，进而得出有关评价方式与学生学习成绩之间是否存在因果关系。

从以上实例中可以了解到，一项教育实验研究一般包括这样几个基本内容：实验的假设、被试、自变量、因变量、无关变量。

假设是研究者以一定的理论为依据，提出涉及教育问题的一个可能的论断，体现在在上面的例子中就是"表扬和鼓励的评价方式比批评和指责的评价方式更能激发学生的学习动机"。

被试是实验研究的对象。上例中的被试是"108名小学生"。

二、教育实验研究方法中的变量

教育实验研究的要义，就是通过对各种变量关系的确认获得关于教育活动规律的认识。所谓"变量"，就是指在研究中会变化的各种因素。进行教育实验研究的目的是要确定研究中各种变量间的相互关系，所以人们一般把变量分为实验（自）变量、效果（因）变量和无关控制变量三大类。在开展实验前，进行研究设计时，研究者的任务就是要对这三种变量进行深入的分析并确定它们的相互关系。

在教育实验中，研究者对待三种变量的基本思路就是操纵实验变量，控制无关变量，测定效果变量。

"自变量"是由研究者主动操作而变化的变量，是能独立地变化并引起因变量变化的条件、因素或条件的组合。比如在学习内容、教学方法、惩罚方式、学习次数、活动方式等方面研究者要采取的变革措施。

"因变量"是由自变量的变化引起的被试行为或者一个因素、特质的相应反应的变量，它是研究中需要观测的指标。

"无关变量"是与某特定研究目标无关的非研究变量。由于它对研究结果将产生影响，所以需要在研究过程中加以控制。

这三者的关系如下图所示：

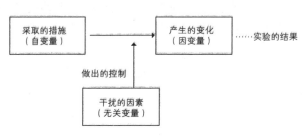

案例点击　关于各种变量的说明

一位教师进行了一项有关新的教学方法的实验研究，实验后学生成绩有了很大提高，实验成功了。那么在这里，教师采用新方法教学就是自变量(亦称实验因子)。由于教师采用的新方法在学生学习中发生了作用，学生成绩有了变化，这种变化就是因变量。假如教师在采用新方法的同时，学生用超出往常的学习时间去加班加点学习，家长又增加了辅导，这两种因素在提高学习成绩时虽也发挥了作用，但它们不是研究者有意安排的，它们就被称为无关变量(亦称非实验因子)。那么要保证实验结果的真实性，就必须保证教师在采用新方法的同时，尽可能采取措施避免学生加班加点或请家教等其他能提高学生成绩的非实验因素的影响。这就是实验控制。

在揭示各种变量关系和联系的教育实验研究中，业界一般认为，要确认A、B两变量中A是B的原因(B是由A引起的)，必须满足三个条件：第一，两者有共变关系，即A变B也变。如果A变B未变，则不能肯定A是B的原因。第二，两者的时间顺序特殊，即A先于B变化，或与B同时变化。如果B先于A变化，则也不能肯定A是B的原因。第三，坚持控制原则，即必须在排除除A之外的一切可能对B发生影响的情况下，才能确定A是否为B的原因。

三、教育实验研究方法的特征

调查、观察研究等方法，只能告诉我们"是什么""怎么样"，却不能告诉我们"为什么"。也就是说，这些方法只能把教育的现状说清楚，最多提出一些问题，猜测一些原因，而无法弄清楚因果关系，不能告诉我们最确切的原因和规律。而教育实验法就是帮助我们找到因果关系的方法。所以，许多研究者认为，在实验研究中，研究者可以主动控制某些条件，重复进行操作，这将更有利于揭示和证明教育活动中存在的因果关系。

下面我们从一个例子讨论教育实验方法的特征。

案例点击　上海市青浦县*"大面积提高数学教育质量"的实验研究

上海市青浦县从1977年开始进行一项持续十余年的数学教改研究，这

────────────

＊ 1999年，青浦县撤消建制，建立青浦区。

项研究主要分为四个阶段：三年教学调查 (1977年10月—1980年3月)、一年筛选经验 (1980年4月—1981年8月)、三年实验研究 (1981年9月—1984年9月)、三年推广应用 (1984年9月—1987年8月)。

在"教学调查"阶段，在调查学生学习情况、班级特点、数学教师教学情况的同时，研究人员还调查了许多有志于数学教育事业的教师的教学经验，从中积累了160余项经验。

在"筛选经验"阶段，研究人员在一所中学挑选两个实验班和两个对照班开展研究。他们从工作实践出发，探索出一种筛选经验的方法。然后，经过一年约50次的循环，他们选出4条比较有效的教学措施：(1) 让学生在迫切要求下学习；(2) 组织好课堂教学的层次；(3) 指导学生亲自尝试；(4) 及时提供教学效果的信息，随时调查教学。

在"实验研究"阶段，研究人员又将筛选出的4条经验概括为"尝试指导"和"效果回授"，并探索它们在教学过程中的作用以及在不同类型学校、不同程度班级中的可行性。他们的具体做法主要是：

1．设置实验班和对照班，并在此基础上设置对偶比较组

在初中入学时，将440名学生分成10个班。其中，实验班与对照班各为5个班。在分班时，对学生的小学数学基础以及数学的思维能力水平经行了预测，实验班与对照班的学生的预测成绩的平均分和分布状况几乎一致；同时，实验班与对照班的教师的平均教学水平也比较接近。此外，实验班和对照班均采用全国通用教材，教学进度参照与教材配套的教学参考书中的建议。

2．在实验班采取实验处理措施，在对照班使用一般教学方法

实验班运用"尝试指导"和"效果回授"的方法进行教学，对照班用一般方法教学。实验班的教学以培养学生获得和运用知识的能力为目标，其方法是将教材组织成一定的尝试层次，通过教师指导、学生尝试进行学习；同时又非常注意回授学习的结果，以强化所得的知识和技能。

3．对实验班和对照班进行相同的检测

在实验中，实验班的历次学期考试合格率、优秀率全部都高于对照班。此外，在难度、区分度高于学期考试的单元考试中，实验班相对于对照班而表现出的提高幅度从第一次就非常显著。第三个学年的三次阅读能力测

验中，实验班与对照班的成绩差异非常显著。在三个学年的三次思维能力测验中，实验班与对照班的成绩的比较情况是：第一次和第三次差异非常显著；第二次，差异显著。

这项实验研究表明：采用"尝试指导"和"效果回授"的教学方法，确实能产生更好的教学效果。

从这一案例中，可以明显看出教育实验的特点：

教育实验的对象是一定群体的学生。他们是参与实验的主体，具有自主性、创造性。研究者必须尊重他们的意愿，发挥他们的积极性、创造性。这就意味着要更高、更严地控制教育实验条件，但又不能损害学生的身心健康。教育实验的被试是学生，教育者与实验者是合二为一的。

教育实验主要采用自然实验法，也就是在自然的、正常的教育教学活动中进行实验，使学生保持常态。其实验控制不如实验室实验那样精确、严密。

教育实验的周期较长，往往需要几年、十几年或几十年的反复实验才能看到真正的效果，获得可靠的证据。

教育实验既要确认教育现象之间的因果联系，即旨在求真；又要探索有效的教育内容、方法，有力地促进学生身心的健康发展，即旨在求善。它既要有求真作基础和前提条件，又要以求善为出发点和归宿，同时受到真理标准与价值规范的双重制约。

第二节　教育实验研究的几个要点

教育实验法是在控制环境和条件的情况下，根据一定的假设，有计划地操纵实验措施，记录、观测与此相伴随的现象变化，从而分析确定实验措施和现象之间关系的一种研究方法。在选定实验项目之后，要注意把握这种方法的五个关键环节。

一、建立假设

这是开展实验的前提。假设是在设计实验时以一定的科学理论和事实作为依据，对未知的事实进行假定。从一定意义上来说，这也是对实验结果的预测。

教育实验是通过实验设计来检验假设的一种受控方法。设计实验时，实验者提出一个答案和假设，用实验来加以检验，再根据实验的结果来确认或否定假设。接受或推翻假设，这就是实验的基本思路。

有一些大型的、复杂的教育实验，提出的假设可能是涉及多种要件的一组假定。

案例点击 "小学生自主性素质发展与培养"的实验研究提出的假设

1．优化关系是发展与培养自主性素质的首要条件，其中最重要的是优化师生关系；

2．改革各项活动是发展与培养自主性素质的基本方法，其中的重点是课堂教学的改革；

3．要实现教育者的根本变化，不能靠孤立地抓观念转变，还要与相应的知识与能力培养、运行机制的形成和物质条件的建立结合起来；

4．每个学生都是一个独特的丰富多彩的世界，教育要尊重学生个性，立足于差异；

5．发展与培养自主性素质必须落实在学生的自我教育的意识和能力的形成上，即把外部的要求变成学生的内在需要；

6．建立与实施"自主—合作教育模式"才能有效地培养自主性素质；

7．在培养过程中，必须重视未成熟主体与成熟主体的区别。

与其相对应的理论根据有：

1．关系是自主性素质形成的逻辑起点；

2．实践活动是自主性素质发展的根本原因，一个人实践的内容以及深度和广度决定了主体性的发展，没有活动也就没有教育；

3．观念转变是在系统中完成的；

4．不尊重每一个同学的个性，就不能真正面向全体；

5．外因必须通过内因起作用；

6．在自主的基础上才有真正的合作，在合作的过程中才能发展自主性，共同主体及主体间性理论指出了主体性研究的新阶段；

7．未成熟主体的主体性完整但不完善，既具有主动性又有受动性，具有发展迅速、可塑性强等重要特点。

一般的实验至少应该有一个理论假设，讲清楚实验有什么样的自变量（因果关系中的因），估计会产生什么样的因变量（因果关系中的果）。

案例点击 提出一个假设的教育实验

有一位教师提出"小学生的合作意识和能力只有通过具体的合作实践活动才能形成"的理论假设。根据这个假设的指导，她设计了"全组共用一块橡皮"这样一个自变量，期望得到的因变量是学生合作意识和能力的提高（在只有一块橡皮的情况下，学生能学会同学之间如何谦让，如何提高使用效率）。

二、准确操纵实验措施

操纵实验措施也称操纵实验变量，是开展实验的核心内容。实验设计时要确定三个问题：实验措施是什么？其具体内容怎样？如何进行操作？这些问题是十分关键的。实验研究讲求严密，而可能影响到其严密性的关键因素是界定变量。假如不同的研究者对同一变量有不同的理解，那么在对变量的操作、测量中，必然造成较大的误差。

变量的界定要通过给出操作化定义来实现。所谓操作化定义，是指要把变量具体化为一些能够客观上易于观测的要项。如果研究者对事物或现象能够做出一些比较稳定的观测，那么这些观测也能够由其他观测者做出。这就防止了主观因素对变量理解的影响。例如，我们可以把学习态度操作化为学生按时交作业的比例、课堂主动参与的情况、出勤率等。

操作化定义根据标准，可分为三种类型。

第一种操作化定义是根据引起某变量的操作来给出的。当该变量是某种现象或状态时，它较适用于此定义。例如家长的文化水平，我们常常把它定义为父母接受正规教育的平均时间（年）。该类定义的例子还有：把"学业不良"定义为最近学期末有两科以上主科不合格；把"学业负担过重"定义为学生每天花在学业方面的时间超过9个小时。

第二种操作化定义是以所解释的变量如何操作为依据来给出的。由于人是行为的主体，所以该类定义较适用于对人的描述。例如上述的学习态度，就是以学生的相应行为表现来定义的。该类定义的例子还有：把"独立思考"定义为能提出与书本、教师不同的见解；把"爱好广泛"定义为课余时间从事的非学业活动种类的多样。

第三种操作化定义是由所解释的变量的静态性质来给出的。例如"聪明的学生"可以定义为记忆力好、推理能力强、反应灵敏的学生。由于人的某些特性可以借助相应的量表测量，所以当以这个特性来定义某变量时，可直接以量表中相应的等级来定义。例如"聪明的学生"也可以以智力测验结果来界定，即定义为 IQ 在 130 以上。

在对变量操作化的时候，我们还要综合考虑对变量进行测量的方式和工具，所以应选择易于准确度量的行为、表现作为变量操作化的要素。

三、检测实验结果

检测实验结果也称检测反应变量，是分析实验效果的重要依据。要用客观和科学的态度来评价实验的结果。如果只做实验而不设计观察结果的指标，犹如只种庄稼不收割一样。检测实验结果时要考虑三个问题：一是从哪些方面来测定？二是在什么时间测定？三是用什么方法和工具来检测？在设计检测指标时要考虑客观性、有效性和全面性。再以青浦教改实验为例，在实验开展后，研究人员从三个方面检测实验结果：第一，学生学习成绩；第二，阅读能力测验，包括阅读成绩差异、阅读和解题的平均时间、综合理解水平；第三，思维能力测验，包括成绩差异和解题的归纳能力等。

四、控制无关因素

控制无关因素是减小实验误差，提高实验可靠性的关键措施。无关因素也叫无关变量，是与实验目的无关但会影响实验结果的一些因素。控制无关因素的目的是要尽量减少与实验目的无关的因素对实验结果的影响，从而提高实验的效度。对无关因素的控制的好坏决定着实验结果的误差大小。要控制无关因素的影响，需解决两个问题：一是找到哪些是应控制的无关因素；二是选择用什么方法加以控制。在经典的实验中常采用随机、消除、恒定、平衡、抵消等方法来控制无关因素，教育实验则主要用消除

法和平衡法。消除法是去除无关因素对实验的影响，如用单盲法、双盲法消除实验对象的主观因素对实验的影响；用制订实验手册，提供详细说明书来统一实验人员的操作行为，消除由于执行和参与实验的人员的偏向或过失造成的误差。在无关因素消除有困难时，要采取平衡法来加以控制。所谓"平衡法"，是指使用平衡，比如在前面提到的青浦教改实验中，让无关因素对实验班和对照班的作用相等，使其效果相互抵消。

五、分析实验措施和结果之间的关系

实验是在假设的引领下，控制实验的条件，然后观察对象的反应，进而分析实验因素的效果。例如，该有这些反应吗？为什么会有这样的反应？这些反应是怎么产生的？这些反应和实验措施之间有什么关系？由此推断实验措施和结果存在什么关系，是必然的因果关系，还是偶然的联系。

第三节　教育实验研究的操作设计

一、规划总体实验研究方案

研究方案的设计是否合理，将直接影响研究质量的高低。要进行研究方案的设计，既离不开对学科知识的把握，也离不开对研究方法的思考，同时还要将学科改革的设想与研究方法有机地融合在一起。必须指出，良好的实验设计标准可概括为提高实验效度。而实验的效度有两种类型，即内在效度和外在效度。内在效度涉及对结果解释的可靠程度，而外在效度则涉及结果的可推广程度。在每一个具体的实验中，效度都不会全有或全无，都必须予以考虑，并通过实验设计和实验方式来保证。

二、确定恰当的实验配组设计

教育实验研究方法有三种分组模式：第一种是单组实验法，即只对一

个组进行实验，将实验情况的结果与非实验组进行对比观察，确定实验成效；第二种是等组实验法，是对各方面情况相同的两个或两个以上的组，分别采取不同的实验措施并对比其效果；第三种是轮组实验法，就是把几个不同的实验措施按一定的排列次序，分别施加于几个不同的组，使每个组都有机会接受实验措施，然后把每个因子的多次效果累计在一起进行比较。采用哪一种分组模式，要根据实际的需要和可能来确定。

这里着重介绍先后测量的等组实验设计，以使教师了解教育实验研究中配组设计的基本要求。先后测量的等组实验设计的基本思路是选择两个条件相等的组作为实验对象（或一个作为实验组，一个作为对比组），分别接受不同实验措施的作用，然后对结果进行测定和比较。

开展等组设计的实验要做好下述四项准备工作：

①选择两个条件相等的组。条件相等是指学生的学习基础、成绩和家庭背景等条件比较接近，无显著差异。

②由专业水平和教学能力相当的两位教师执教这两个班，或者由一位教师分别任教两个班。这是控制无关变量的一种方法。

③准备两种不同的教学方法，也就是不同的实验措施。

④准备两套以上的测试题，其中一套作为摸底测试，其余的则为效果测试。

这四项准备工作中最困难的是使两个班的条件相等。为了尽量使每组的条件相等，可采用以下几种创设等组的方法：

第一种叫随机等组法。此方法适用于比较均匀的群体，即在其中随机抽取对象，随机分配到两个组中去，很容易实现分配后的两个组条件均等。

第二种是一般等组法。在实验前，对对象的某一特征（与实验内容直接相关的）进行测定，比较两个班的均数和标准差，进行平均数的差异显著性检验。如果检验结果显示两班的均数无显著差异，则表明两班学生在此方面的条件均等。如果检验结果显示存在显著差异，则要在人员上做适当调整，将一些"极端"的学生删除，这种处理的意思是他们仍然参加实验的一切活动，但他们的成绩已不再列入统计数据之中。如果测试获得的资料是等第，则取两班中每一等第的人数相同即可。

第三种是对偶等组法即在两个班中选一对条件相等的对象，分别组成实验组和对比组。例如，在某一学科改革实验中，先分别从两个班中选取某科学习成绩、性别、学习能力相同的一对学生，组成实验组和对比组。再在实验过程中统计和比较这两个结对学生的成绩的差异。

三、安排实验的操作程序

完成等组的创设后，就可以开始实验操作了。可以将实验操作程序用一个简易的图式表示如下。

甲班：41—A—41′。

乙班：42—B—42′。

在图式中，41和42表示实验开始前的摸底测试或基础测定。41′和42′是实验开展一定阶段后的效果测定。A和B表示两种不同的实验措施，或者一个是实验措施，另一个是传统方法。作为实验措施的对照，在实验过程中，摸底和效果测试都是同题测试。所以实验效果的分析可以将41′和42′做比较后进行统计检验。如果实验班的测试结果优于对照班，并且统计检验后发现有显著差异，那么实验措施明显优于对照班的做法，实验效果明显。

等组设计的实验中，实验班和对照班的研究同时进行，只需一个教学内容，且进行同题测验，使实验的周期短、安排简便，是一种颇为实用的研究方法。同时，由于实行等组设计，提高了实验的敏感性，增大了显示实验措施微小影响的能力，使研究的误差变小，有利于发现问题。此外，等组设计也保证了实验措施和结果之间关系的合理性，证明了实验结果不是由实验前的差异或别的什么因素所引起的，而是实验措施作用的效果。当然，等组实验设计也有一定的缺点，比如在设计中要选择两个条件相等的组是比较困难的。所以，一般情况下，只能做到两个组接近相等。

第四节　教育实验研究的基本操作步骤

一般来说，实验研究包括以下几方面内容：确定研究课题的名称，提出实验的假设，确定研究的目标，选择研究的对象，确定研究的组织形式，安排实验的研究过程。

下面我们以"上海市青浦县'大面积提高数学教学质量'的实验研究"为例，说明教育实验研究的基本操作步骤。

一、发现问题，选择课题

在实际的教育教学中，发现问题是为了解决问题，从而提出实验课题。"青浦实验"就是在发现学生数学成绩不佳后提出了"大面积提高数学教学质量"的选题。

二、调查研究，提出实验假说

通过调查寻找问题的原因，提出假说，是实验者对自变量与因变量之间关系的推测与判断的过程。"青浦实验"在"筛选经验"阶段，找到了提高数学教学质量的有效教学措施，那就是他们自己的教育经验。

三、根据实际情况，设计实验

实验者在着手验证假说之前设计实验，其目的在于更科学、更经济地验证假说。实验设计一般包括以下因素：

①实验变量的操作与控制，以确保实验者遵守实验要求，操作不走样。

②反应变量的观测方法、测量手段。

③无关变量的控制措施。

④实验对象的选择。

⑤实验的组织形式，即确定是单组实验形式、等组实验形式还是轮组实验形式，其中最常用的一种实验设计是先后测验的等组（实验组与对比组）实验。

⑥实验数据处理方法的确定。

四、实验的施行

实验的施行是实验者按照设计的实验方案，操作实验变量，控制无关变量，观察、测量、记录反应变量，搜集实验信息的过程，也就是将实验方案物质化、现实化的过程。

五、资料的统计分析

实验者对在实验过程中积累起来的资料，采用科学的统计方法进行统计分析：一般是先用描述的方法把反映结果的原始资料加以列表、图示或计算该资料的平均数、标准差和相关系数等，再用推断统计的方法来检验自变量与因变量之间的关系。

六、总结形成实验报告

实验报告是反映一项实验的过程及结果并将其公布的文字材料，是教育科研成果的一种重要形式。

第五节　教育实验研究报告

教师从事教育实验研究是教师成为学习者和研究者的一项有价值的实践活动，其成效表现为教师更深切地获得对教育活动规律的认识，能有目的、有计划、能动地解决教育工作中的关键问题，对提升专业素养起到积极的推动作用。

就教育实验研究的物化形态成果而言，其主要是形成教育实验研究报告。

教育实验研究报告，是在教育实验之后，对教育实验全过程及其结果进行客观、概括地反映的书面材料。教育实验分为探索性实验和验证性（决断性）实验两种，所以实验报告的表述方式也就有所不同，但实验报告的基本结构是相似的，一般都包括以下几部分：

一、题目

题目应以简练、概括、明确的语句反映出教育实验的对象、领域、方法和问题，使读者一目了然，从而可以判断其有无阅读价值。为避免题目冗长，可以加副标题，使主标题简练。

二、引言

引言简明扼要地说明了实验课题的来源、背景、实验进展情况、实验对象和规模等，表明了解决该课题的实际意义。

三、实验方法

实验方法是实验报告的主要内容之一，其目的是使人了解研究结果是在什么条件和情况下，通过什么方法，根据什么事实得来的，从而判断实验研究的科学性和结果的真实性、可靠性，并可依此进行重复验证。

实验方法的内容主要包括：第一，怎样选择被试对象，比如被试对象的条件、数量、取样方式，实验时间以及研究结果的适用范围。第二，实验的组织类型（方法）以及采用这种组织类型的依据。要说明是单组、等组还是轮组实验。第三，实验的具体步骤。第四，对无关因子的控制情况。

四、实验结果

实验结果中最重要的是提出数据和典型事例。数据要严格核实，要注意图表的正确格式。典型事例要能使人更好地理解实验结果，使实验更有说服力。要用统计检验来描述实验因子与实验结果之间的关系。对非单因单果的关系，要经过适当的设计与统计分析，判断影响实验结果的原因，并做出实验假说的验证。

五、结论

结论是对整个实验的一个总结。下结论必须慎重，语言要准确、简要，推理要严密且有逻辑性。

六、分析与讨论

要运用教育教学理论来分析和讨论与实验结果有关的问题，其主要内容有：第一，由实验结果来回答篇首提出的问题；第二，对实验结果进行理论上的分析与论证；第三，把实验结果与同类研究结果相比较，找出得失优劣；第四，提出可供深入研究的问题及本实验存在的问题。

七、参考文献与附录

案例点击　小学三年级数学思维能力训练报告

一、问题的提出

能力包括观察能力、记忆能力、想象能力、思维能力和创造能力，而"思维能力是有所智能的核心"。小学生升入三年级后，由于教学内容开始加深，学习成绩往往有所下降。为了防止这样的现象出现，我们试图在数学教学中对学生进行一些思维能力的训练，以提高他们的思维能力。这个时期的儿童已经开始具有抽象的推理能力，因此研究本课题的试验既有必要性，也有可能性。这就是我们的动机。

二、方法

1. 选择实验对象

为了使实验具有代表性，特选择地区条件较好的徐汇区第一中心小学和地区条件较差的肇嘉浜路小学为试点，从各校选一个成绩中等的班级（三年级）的40名学生作为实验对象，另暗设一个控制组。

2. 确定实验类型

根据基础知识测定结果，从实验组和控制组中按成绩分类，各选20名学生进行标准等组实验。实验组共40名学生，分为甲、乙两组；控制组40名学生。

3. 控制条件

实验组除按实验计划规定的时间和训练内容进行数学思维能力的训练外，其他一切教学活动均与控制组相同。

4．实验时间和实验步骤

从第二学期的第七周开始至第十八周结束。第七周进行基础知识测定（书面），根据测定成绩进行等组配对；第八周起进行思维能力的训练；第十八周进行书面效果检查，检查内容包含基础知识和思维能力两个部分，分两次进行，每次限时40分钟。

三、实验结果

1．将实验前实验甲组与控制组、实验乙组与控制组的基础知识的测定成绩作比较并做 t 检验。

2．实验结束时对实验组和控制组学生进行效果测定与检验，结果得到：

实验甲组与控制组：$t=1.942>0.05$

实验乙组与控制组：$t=2.885>0.01$

3．为了进一步检查实验结果是否具有普遍性意义，在实验结束时，以上述测定题在实验水平相当的一个平行班（外校）进行测试，再按基础知识近似情况配对，定为参考组，以做能力比较。

4．为了更清楚地了解实验组学生在训练后思维能力具体的提升程度，将思维能力测定题的各题得分率与控制组、参考组做进一步比较。

5．通过本阶段实验，我们又进一步根据基础知识与思维能力测定情况去做相关研究。

四、分析和讨论

1．分析以上数据，可以看出以下几个问题：

(1) 实验表明，基础知识水平相同的学生，如果对其加强思维能力的培养，则其思维能力将提升；反之，则降低。因此，可以通过有意识的训练赋予学生思维能力，即适当的思维能力训练是必要的。

(2) 实验前后，实验组与控制组学生之间的基础知识水平无显著差异。

(3) 相关计算表明：基础知识与思维能力呈正相关，且实验组的相关系数高于控制组或参考组的相关系数，可见要想发展学生的思维能力必须加强知识基础，但片面地加强知识基础而忽视能力培养，则有可能出现高分低能现象。

校本 科研指导

2．讨论：

因为训练不够巩固，为此提出下列问题，以供讨论：对学生进行数学思维能力的训练，是独立进行好还是结合数学课进行好？要不要单独编制训练内容……

五、主要参考文献

(1) 林崇德．小学儿童运算思维灵活性发展的研究 [J].心理学报，1983(4):52-61.

(2)[美] 杰克·富兰克尔．发展学生思维能力的教学方法 [J].外国中小学教育，1983(4):31-36.

第六节　教育测量的两个基本概念

我们在现实的社会生活和教育工作中常常要用到测量，如：测量物体的长度，测量人体的温度与血压，测验学生的兴趣、能力和知识掌握水平，等等。测量包括对物质的测量和对精神的测量。在样本研究中，学生的现有状况，发展变化的信息，某项研究的结果与成效，都要用到教育测量方法。

为了更好地运用教育测量方法，必须了解它的两个基本概念，那就是测量和测验。

一、测量

(一) 测量的含义

测量是生活中的一个常用词，但不同的研究者对它却有不同的表达方式。美国心理学家、生理学家史蒂文斯将它定义为"按规定将数字分派给对象的事件"。他把教育研究中常用的心理测量看成是测量中的一种，是"应用测量技术以便用数量来表示心理机能的一般术语"。

根据人们在教育实践中的具体运用，可以给测量概括出如下定义：测量就是根据一定的法则，用数学的方法对事物的属性进行描述的过程。简单地说，测量是人们对事物进行区分的过程。这种区分从表面上看是反映

140

了量的不同，但实质上反映了质的不同，因为当量的积累达到一定程度时，便会产生质的变化。

（二）测量的要素

施行测量，必然要涉及测量的三个要素：

①测量的对象，即事物及其性质。在校本研究中，测量的对象通常指学生的学习能力、学业成绩、兴趣爱好、思想品德及教学措施等方面的诸多问题。每一次教育测量，必须根据测量目的，对测量对象事先有明确规定。

②测量的结果，即数字或符号。它是指要使测量以何种形式对测量对象加以数量化，是用连续量数还是等级量数、用数字还是用符号。如使用符号，必须给符号以一定的单位与参照点，使其具有量的意义，从而对被测量事物的性质起到描述作用与比较作用。

③测量法则，即对事物如何指派数字与符号。它包括根据测量对象的特征制订测量内容、步骤、程度及评分标准，将测验成绩数量化的方法，等等。

根据上述分析，有的研究者对教育测量做出这样的定义：教育测量就是根据一定法则，以测验为工具，对研究对象进行测试，从而获得数量化的结果，并通过进一步分析获得相关结论。它可以把抽象、概括的理论研究成果（如群体发展的平均指标、一般特征、理论学说等）转化为反映个体发展水平、教育发展状况的方便工具，并提供可靠的数据。

二、测验

测验也是人们耳熟能详的一个词，而人的一生要经过许许多多不同形式的测验。那么，什么是测验呢?

（一）测验的含义

测验是测量并检验一个行为样本的一种程序。这一定义包含了三个层次的含义：

首先，测验所测量的是行为，是被测者对测验题目所做出的反应，并不是直接测量被测者本身的某种属性。我们只能通过这个反映情况来推测被测者的某种属性。由于测验是测量行为，所以接受测验的只能是具有行为能力的人或动物（大多数情况下是人），而不可能是植物和其他物质。

其次，一个测验所包含的只是全部这类题目的一个样本，而不是这方面的所有题目。也就是说，用于测验的题目必须是所有同类题目所组成的全域中的一个个有代表性的样本。

最后，测验是一种程序，即在测验的编制、施测、评分以及分数的解释方面都必须遵循确定的规程。

从上述分析，我们可以知道，测验的含义要比测量的含义窄；测验是测量的一种方式。

(二) 测验的要素

和测量含有三个要素一样，测验也含有其必不可少的四个要素：

1. 测验目标

测验目标是指通过测验测量某人，在某方面的特征。任何一个测验在其测验目标上都有明确的规定，如：测量对象的年龄范围、职业范围、地域范围和用于测量何种特质等。因为具体的某一测验在编制的时候就根据其预定的测验目标做出相应的设计，所以在使用上也应按照设计时的功能范围来考虑。

2. 测验题目

测验题目是测验材料所包含的内容。测验往往是由一组题目集合而成的，所以测验题目只是围绕测验目标的整个有关题目总体中的一个样本。

3. 施测程序

施测程序是对测验的时空条件的规定。任何测验都要求具有准确性、可信性。要达到这些要求，就必须对施测程序做严格而统一的要求，避免由于时空条件的差异而造成对测验结果的影响。时间条件一般是测验所限定的时间长度以及操作的先后顺序；空间条件一般是对施测地点的安静性、舒适性等的要求。

4. 评分标准

评分标准是事先确定的评分规则，如：各题的得分比重、分数的意义。

三、测量与测验的关系

(一) 测量与测验的联系

凭借测量，人们对客体和事物做出客观的、数量化的描述，测量多以测验为工具，在校本研究中，测量通常以测验的方式进行。

（二）测量与测验的区别

测量与测验也有区别：测验是施测的一种形式，而测量却是施测的过程；测验是引起某种行为的工具，是一种测量工具或测量量表，测量则是用数量方法对人的行为进行描述。

综合各方面的研究可知，测量的范围大，含义广；测验的范围小，含义窄。心理测验一般可称为心理测量，教育测验一般也可称为教育测量，如不做专门性的区分，测验和测量两者的含义应该是可以相通的。

所谓的"教育测验法"就是通过心理或教育测验来测定、研究心理与教育现象及其规律的方法。

第七节　教育测验在校本研究中的应用

教育测验既是学校常规工作（教育评价）的重要形式，又是校本研究中的一种必要方法：无论是确定研究前对象的各方面的表现、研究过程中对象的发展变化，还是认定研究结果的有效性，都要诉诸教育测验。

一、教育测验的一般功能

教育测验作为检查教学效果的手段、测定学生学业成绩的工具以及进行教育科研的方法，具有以下功能：

（一）反馈信息

教育是一个连续的长期过程，教与学的双方都需要通过测验获得反馈，及时了解情况，做出补救：学生可以根据反馈情况，进一步自律；教师可以根据反馈情况，做出诊断与调整。

（二）激励自我

通过测验对前段教学效果做出测定，可对教师的教育实践与研究、对学生的学习都具有极大的激励作用，可以增加师生的精神动力，如：使成绩不良者获得成功的喜悦，从而更加奋发上进，向更高目标攀登；使成绩优异者克服盲目骄傲的情绪，更加清醒地认识自己，从而发奋努力，争取下一阶段的成功。

（三）指明航向

一次良好的测验尤其是国家级的测验在客观上起着指挥棒的作用，它引导教者与学者进一步明确教学目标、重点与难点，克服教学实践与研究中出现的偏差与弊端，使教育实践与研究沿着正确的航向前进。

（四）评价标准

测验是对师生教和学的情况做出客观测定，是评价教学水平与学生成绩的主要依据；测验支持者总是根据某种特定的目的，依据自己的价值观对被试做出价值评定，从而做出处置。所以测验成绩常是分班编组、招生招工的依据，也是评价教育水平高低、教育研究成败的依据。

二、校本研究中常用的测验类型

测验是教育测量的工具，标准化的测验也被称为量表。根据分类的标准不同，可把测验分为不同的类型。校本研究要根据需要和可能进行灵活的选择。

（一）根据测验的功能分类

1. 学绩测验

学绩测验又称成就测验，目的在于测量经过学习和训练之后学生所获得的知识和技能情况。根据测验内容，学绩测验可分为综合学绩测验和单科学绩测验。综合学绩测验涉及的内容广泛，它可通过对各学科基本知识和技能的测验，概括地了解学生的学习成就；单科学绩测验用来考查学生某一学科的学习成就。

2. 能力测验

能力测验可以分为一般能力测验和特殊能力测验两类。一般能力测验又称智力测验，主要测量人的观察、想象、思维、判断、推理等一般能力。特殊能力测验主要用于测量人的某种特殊能力，它可以分为能力水平测验和能力倾向测验：能力水平测验是测量一个人在某方面已有的能力；能力倾向测验主要用于测量、发现人们潜在的能力，能用来预测人们从事某种活动后获得成功的可能性。

3．人格测验

人格测验主要用于测量人的能力以外的包括人的态度、情绪、兴趣、品德、动机、意志、性格、美感等方面的行为以及引起这些行为的内在的个性心理特性。人格测验的方法有自陈法、评定法、投射法、情景法等多种。

(二) 根据测验误差的控制程度分类

1．标准化测验

标准化测验是指全过程都标准化的测验，即由试题、试卷的编拟到施测、评分、记分、分数的合成与解释等全过程都标准化。标准化测验的试题、试卷由专家精心周密编制，有一定的质量指标要求，施测误差受到严格控制，评分记分、分数的合成与解释分数等都有详细明确的规定。标准化测验一般以大规模测验结果为基础，求出常模，建立量表，以此作为说明分数的标准。标准化测验的根本目的在于尽量减少误差，使测量结果真实地反映客观实际。

2．教师自编测验

教师自编测验是由教师个人或集体编制试卷，由教师个人或学校组织施测，并由教师本人评分、记分、合成与解释分数。教师自编测验在客观性和标准化程度上没有标准化测验高。但是，和标准化测验相比，教师自编测验省时、省力、灵活、方便，测验内容与教学内容联系紧密、针对性强。据此，教师可及时、准确了解教学情况。这是标准化测验所不及的。

(三) 根据解释分数的标准分类

1．常模参照测验

常模参照测验是以常模作为标准来解释分数意义的测验。所谓"常模"，就是指对被测对象来说具有代表性的、团体的平均水平。此种测验是将每个人的分数与所要比较的团体中的其他人相比，看其在团体中的相对位置，以决定其成绩的优劣，如：各种选拔考试。

2．目标参照测验

目标参照测验是以预先确定的目标作为标准来解释分数意义的测验，也就是将每个人的分数与预定的标准比较，看其是否达标或达到什么程度，如：高中会考及各种水平考试。

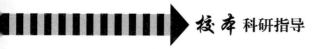

（四）根据题目的难度和时限分类

1. 难度测验

难度测验的目的主要是考查被试掌握知识的深度和水平。其试题由易到难排列，其中有些特别难的题，几乎所有的被试都回答不了，但被试有机会做所有的题。

2. 速度测验

速度测验的目的在于考查被试掌握知识和技能的熟练程度。测验题目都比较容易，没有超过被试的能力水平。但是题目数量很多，并且时间限制严格，几乎所有被试都不能在限定的时间内做完全部题目。

三、校本研究运用教育测验法时的注意事项

（一）发挥教育测验法的特殊作用

测量和测验作为获取资料的手段，在校本研究中起着重要的作用。其作用主要表现在以下三个方面：

1. 诊断作用

可以通过测量，对教师的教学行为、学生的发展状况和学习水平等进行诊断，找出其问题和原因所在，以便采取针对性的教育措施。例如，面对学生学业不良，可通过对其进行智力测量、注意力测量、学习方法测量等，从而找出问题是出在智力方面、注意力方面，还是学习方法等方面，或几方面都有。

2. 搜集数据作用

在学校教育研究中，要了解学校教育、教学的状况与改革试验的效果，就要通过测量对研究变量做出量的描述。像学生的学习情况、学生心理素质的情况、学生的心理行为表现等都是教育研究中常常需要测量的变量。

3. 评价作用

测量结果提供了关于事物某一特征的度量，使人们能够对事物进行纵向和横向的比较，做出评价，确定其中的关系，对研究的结果和效能做出可信的解释。

（二）清楚教育测验方法的适用性

认清教育测验法在什么条件、什么情况下可以解决什么问题，其实就

是考查其适用性。其中，最重要的是要分析它的优点和缺点。

教育测验法的优点在于：

第一，测验工具的科学性和有效性。由于测验的工具一般均经过了严格程序的编制与科学论证，使用这样的测验工具，可保证测验结果的权威性，并被学术界及教育领域所承认。

第二，使用的方便性及实用性。因标准化测验均有一整套规范化的程序，使操作较易掌握，较之其他研究方法更为实用、省力，其结果一般均可数量化，因而使分析、比较精确、可行。教师自编测验在保证效度和信度的情况下也更便于使用。

教育测验法的缺点在于：

第一，测验功能具有单一性。测验工具所测得的往往是人的某一方面的心理特性，要对人做出全面的整体的评价，则需结合多种测验或其他研究方法，至今还未有能较全面测评的测验工具。且测验所得的往往只能是"结果"，而很少能反映被试在测验过程中的特点，同时测验也较难对被试进行定性分析。

第二，测验实施后误差比较大。虽然测验有规范的程序可供遵照实行，较为方便，但对主试仍有严格的要求，且测验过程中的一些客观条件也不可能做到完全一致，从而影响到测验结果的客观性。因此，对主试严格培训和对客观条件严格控制，可避免或降低测验的误差。

（三）多种方法的相互结合

在校本研究中，为了获取相关的信息资料，经常要用到测量。广义而言，诸如测验、调查、观察等方法都可以成为测量的手段。在具体的研究项目中，多种方法之间有相通之处，关键在于这些方法是否符合研究需要，而不在于它们之间形式上的严格区分。不过，当把教育测量与调查、观察等并列为实证研究方法时，我们显然对它采用了狭义上的理解。其实，在校本研究的过程里，测验方法只有同其他方法相互结合、相互参照，才能使获得的信息更真实、更全面、更准确。

（四）提高主测人员素质，遵守测验道德

主测人员的素质不佳，或是由于使用测验不当甚至滥施测验，都会造成不良甚至严重的后果，所以对于测验的使用，切不可掉以轻心。

第八节　教育测验的实施步骤

一般来说，实施教育测验时主要有以下几个步骤：

一、明确测验目的

在编制测验时，主要的工作是确定测验内容和选择测验形式。而确定内容与选择测验形式的依据却是测验的目的，因此，编制测验的首要工作是确定测验目的。首先，应先明确测验对象，这时需考虑的因素主要有性别、年龄、民族、受教育水平、社会文化背景等。在此基础上，需要明确测验的用途、目标。

测验可被用于描述对象的发展现状、评价和诊断发展中的进展和问题，还可以用于选拔人才、预测对象未来的发展状况。此外，还可以用于建立进一步研究的假设或者检验某一研究假设（如实验假设）。同一用途的测验，也可能针对不同的目标，如：有的是用于测量学生的创造能力，有的则是用来测量学生的认知能力，还有的是用来测量学生的性格特征。

针对不同的对象、用途和目标，应考虑选择不同的测验类型。如：若测验的目的在于了解初中生在平面几何这一领域中的知识技能，就需要对所涉及的知识技能进行分析；若测验的目的在于预测高中生是否拥有将来从事某一领域工作的能力优势（如空间想象能力），就需要对所预测的行为特征、能力结构等进行分析。在这些分析的基础上，确定测验的内容。

二、确定测验的内容

教育科研常常需要考查学生或教师某一方面的知识技能。在确定知识技能等方面的测验内容时，一般采用双向细目表，以作为测验计划。其中包括需要测量的知识技能的内容分类（一个方向或维度的区分）、各部分内容的掌握程度（另一个方向或维度的区分），还包括每一部分内容在某一种掌握程度上的相对重要程度（以该部分内容占测验总分的比例表示）。

案例点击　某阶段中学语文学习情况的测量

对于某阶段中学语文学习情况的测量，就可以采用下面这样的双向细目表。

中学语文学习效果测量双向细目表

分值 内容 ＼ 目标	知识 记忆	理解 能力	运用 能力	分析 能力	综合 能力	评价 能力	总计
现代汉语知识							
文学知识							
现代文阅读							
文言文阅读							
作文							
合计							

一般情况下，主要依据课程标准、教学时间等来确定测验题目的数目、分数、比例。由此形成的双向细目表，可以提供编题的依据，也可以在筛选题目、修订测验、经过标准化过程（见后文）之后用来检查测验是否遗漏了内容。在编制标准化的成就测验（学业成绩测验）时，这种双向细目表应由学科专家和有经验的教师参与设计，在仔细分析课程标准、教材内容和学生学习情况的基础上，经过集体研究决定。

三、确定测验形式

此时主要需要在以下几个方面做出选择：

①纸笔测验、口头测验或操作测验。对于陈述性知识，可以采用纸笔测验的形式；若要考查学生及时辨析和重组信息的能力，则口头测验更合适。此外，若要测量学生的实验能力，则操作测验更具优势。

②团体测验或个别测验。一般来说，个别测验的结果更准确，但其花费更大。这需要根据研究目的、实际条件等来决定。例如，有的研究者在

团体测验的同时，选择一些有代表性的对象进行个别测验。

③速度测验或难度测验。若要考查学生的灵活性、敏捷性，如解答数学题、改错、翻译短文，可以采用速度测验；若要考查学生的思维深度、对相关知识技能掌握的程度，则宜采用难度测验。

④选择题或问答题（各自又可细分为更多形式，如多项选择题和是非选择题、简答题和论述题）。这就要根据测量的内容、目标等因素来具体考虑。

四、编制测验题目

编制测验题目可分为以下几个步骤：

①写出题目初稿。篇幅一般应有题目计划数目的2~3倍数量。

②预测。将题目施测于跟预期测量对象同质的其他对象，然后根据施测结果，考查测验题目的难度、区分度。如有可能，还应考查测验整体的信度、效度。

③修订。根据对预测情况的分析，选出难度合适、有足够区分度的题目，删去那些质量不高的题目。

编制测验题目时，一定要注意其难度与区分度：

难度是题目难易程度的指标。在计算客观题的难度时，它就是受测者在回答该题目时正确回答的人数在全体受测者中所占的比例；当题目的分数为多值时（包括主观题或一些分步骤解答的题目），难度就是全体受测者的平均分与题目满分的比例。

区分度是指测验题目能够鉴别受测者水平的程度，也就是指测验对不同水平的被测者能"拉开距离"，显示出其区别。测验题的区分度同测验的信度、难度相关。

五、标准化过程

这一过程的目的是要控制与测验目的无关的因素对测验分数的影响。对于一组接受测验的学生或教师来说，分数的差异可能由诸多因素引起，这些因素包括受测者、施测者、指导语、时间、评分过程等。一般来说，标准化过程就是使所有的受测者在完全相同的条件下得出测验分数的过程。标准化过程通常涉及以下几个方面：

①内容。内容一致是实现标准化测验的最基本前提，多数测验的内容的一致性是不言而喻的。但也有两种情况需要注意：其一，对受测者实行个别抽签式考查，此时，每个受测者的测验内容若不一致，就不能算是标准化测验；其二，在一次测验中采用不同的测验版本，包括 A、B 卷的形式，此时，对每个版本应进行等值性检验，确保它们具有较高的一致性。

②施测。为使所有受测者处于相同的条件，需要有相同的指导语和时限。

③评分。为保证评分的一致性，应注意准确、完整地记录受测者的反应或回答，同时要根据明确的标准进行评分。例如，对于词语解释，达到什么情况就可以记为满分、一半的分数或零分，应有明确的规定和示例。

④常模。同样客观、可靠的分数，并不一定能得到正确的解释，不能确保这些分数被赋予相同的含义。例如，在不同测验中获得85分，可以被解释为"优""中"，也可以被解释为"差"。为保证对测验分数做出合理解释，需要建立常模。常模可以通过对全体受测者测验成绩的统计而计算出，也可以通过对受测者的样本进行统计分析而获得。

六、编写测验指导书

为了使测验能合理地实施与应用，应编写规范的测验指导书。其中，应对以下问题予以说明：

①测验的目的和功用。

②编制测验的理论背景及选择题目的依据。

③测验的实施方法、时限及注意事项。

④测验的标准答案和评分方法。

⑤常模资料。

⑥信度、效度资料。

教育测验的实施过程也可以表示成下面的图：

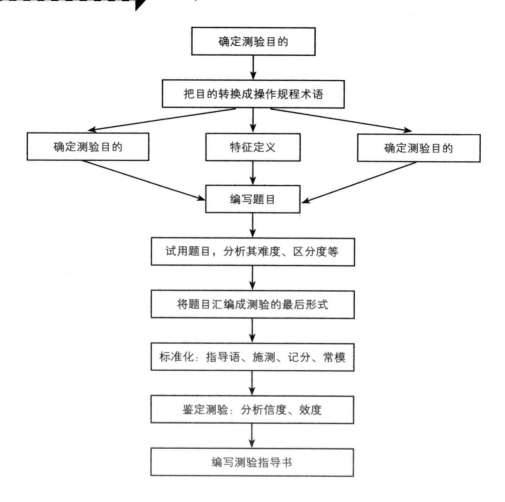

第九节　选择合适的教育测量工具

测量工具是对被测者进行测定的工具和手段。用什么工具对被测者实施测量，需要根据测量的目的以及可能的条件认真进行选择，在校本研究中常用的测量工具有：各种标准化的量表、教师自己编制的各类测试题、问卷、数量化的观察记录等。

一、对教育测量工具的要求

任何测量工具都应当具有一定的效度、信度、难度、区分度，教育测量工具也不例外。这里着重谈效度与信度。

(一) 效度

效度是指测量的有效性和正确性，即测量能准确地测出它意欲测验的属性或特征的程度。

教育测量是为了测量出被试的某些品质或教育活动的某些结果，一个测验是否真的达到了它预期的测量目的呢？效度就是衡量一个测验达到测量目的的程度的指标，它反映的是测量的准确性和有效性。简单地说，效度与这类问题有关："这个测验是否达到了测量个性 (禀赋或其他特征) 的目的？"一个测验对于有些情况效度高，对于另一些情况却未必。例如，一份数学试卷在测量学生的数学能力时效度高，但在测量学生的逻辑推理能力、发散思维能力时效度就未必同样高，因为数学能力并不等同于逻辑推理能力、发散思维能力，虽然它们之间有很大关系。

效度可具体分为内容效度、准则效度和结构效度三种类型。

效度的指标往往用相关系数表示，称为效度系数。它通常是用测验的分数与效标之间的相关程度来衡量。相关系数的值越大，表示相关程度越强，效度也就越高，反之亦然。在学校的各种测验中，教师对每个学生的评定值可以作为效标。如果测验结果与教师平时对学生观察和评定的结果的一致性很高，就说明这个测验具有较高的效度。

(二) 信度

信度是指测验分数对被测者真实水平的体现程度，也就是指测量结果的前后一致性的程度。信度反映测量工具的稳定性和可靠性。如果一次测验对同一个人施测多次，多次测量的分数基本相同，则可认为这个测验是稳定可靠的，即信度较高；反之，如某个测验对学生施测多次，同一个人每次测量的得分变化不定，有升有降，则这个测验的信度就较低。

测量要具有科学研究的价值，一个最基本的条件就是测量所得的结果是可靠的、客观的。但是，对于教育测量来说，这一要求并非很容易达到。同一个学生，在用内容基本一致、难度相同的两份试卷进行测验时，往往难以做到两次测验成绩完全相同 (假设学生在测验时保持的状态没有变化)。不过，只要两次测验的分数没有大的差别，我们就会觉得很正常；反之，若两次测验的分数有显著的差别，我们就会觉得这两次测验的结果不一致。那么，两次测验的结果之间究竟有多大的一致性呢？或者说，用这份试卷进行测验时，前后测验之间是否保持稳定、可靠呢？为了解决这一类问题，人们采用了信度这一指标进行考察。

信度的种类较多，常用的有再测信度 (重测信度)、复本信度 (等值信度)、分半信度 (两分信度)、同质信度等。每一种信度都说明了测验不同方面的稳定性和可靠性，具有不同的意义。信度和效度一样，其指标用相关系数来表示，称为信度系数 (或信度值)。通常是对同一组受测者得到的两组数据资料计算其相关程度。相关系数的值越大，表示测量的一致性程度越高，则信度就越高，反之亦然。

效度和信度的关系是：效度高的测验的信度一定也高，但信度高的测验的效度不一定高。

好的测验要求信度和效度都要高。

测验还要求测量工具具有适当的难度与区分度，这在前边已有所涉及，不再赘述。

二、教育测量工具的获得

在校本研究中，教育测量工具的获得主要靠研究人员自编测验题和选用符合测验要求的量表。

(一) 编制测验题

1. 测验题编制的一般过程

测验题编制的一般过程有以下几步：第一，确定测验的目的与用途；第二，制订测验大纲，包括测验目的、对象、要求、试卷结构、时间要求、项目、得分比例、欲测量、答案要求等；第三，编制双向细目表；第四，编制测验题；第五，组织试测及修改试题。

2. 测验题的设计要求

第一，要明确测验的目的及用途。任何测验都是针对一定目的和用途编制的，不同目的和用途的测验的内容范围、难度、题量等方面的要求也不同，如：选拔性测验和水平测验是两种目的和用途都不同的测验。

第二，要明确测验欲测量的目标范围。测验欲测量的目标范围，决定于测量对象目标的定义。如果测量对象目标的定义不明确，那么就无法确定测验欲测量的目标范围。

第三，测验题目要有代表性。测验试卷是要测量的内容和目标的一个样本，所以试题取样时要把深度取样和广度取样结合起来，一般要编制双向细目表，以保证题目具有代表性。

第四，确定适当的题型。根据不同的测量内容和目标，可以采用不同的题型。测验中的题型一般分为客观性试题和主观性试题。客观性试题主要是正误题和选择题等，主观性试题主要是论述题、计算题、证明题等，两种题型各有所长：客观性试题可考查的知识点较多，所以题量可以较大，试题的覆盖面广；主观性试题回答费时，所以题量小，试题的覆盖面窄。两种题型适合测量的内容目标具有互补性，因此，实践中我们应将二者结合起来使用。

第五，难度恰当。测验应有恰当的难度，各试题的难度要和测验的性质、目的要求一致，整个测验各类题型的难度的分布也应恰当。

3. 测验题的类型

测验题的类型是根据测验的目的设计的。为了从不同的方面和形式获得被测对象的相关信息，测验题的题型多种多样。在校本研究中，为了让师生较为适应，测验题可以沿用一般学业测验的题型，包括：填空题、选择题、判断题、匹配题、简答题、实践性操作题等。

应当说明的是，学校中经常进行的学生学业成就测验，特别是一些经过仔细检验过的标准化试题，对于测定学生某一范围和某一方面的知识与能力，是很好的测量工具，所以可以把常规的测评数据与校本研究所获得的数据结合起来。其实这也是许多学校教育研究常用的方式。

(二) 选用符合测验要求的量表

广义而言，量表可以是具有权威性的各种心理量表，也可以是某些教科研部门编定的检核表。

目前较为常用的心理量表有：智力量表(包括中国比奈量表、韦氏量表、瑞文标准智力测验等），人格量表（如卡特尔16种人格因素测试量表），心理健康量表，以及用于测验考试焦虑、学习动机、学习态度与方法、智力能力的其他量表，每种量表都有其使用说明和操作时要注意的事项。

关于心理测验量表的具体内容，将在下一节中叙述。

第十节　心理测验技术

校本研究常常需要测定对象的精神方面的属性，如动机与态度、智能与相关素养、人格与心理健康等，这些都要用到心理测验。

一、心理测验概述

（一）心理测量的性质

心理测量是以人的心理特性作为测量对象的测量。心理特性是精神性的东西，与物质性的东西有根本性的不同，这使得心理测量较之物质性的东西的测量有其独特的性质：

①测量过程的间接性。心理测量的结果本身并不是所要测量的目标，只有通过推理分析才能对测量对象进行估计。如：智力测验直接测的是被测者完成测验题的情况而不是智力水平，我们是根据被测者完成测验题的情况去推测其智力水平的。

②测量结果的稳定性。由于人们的行为通常具有前后一致性，因此测量所得的结果具有相当大的稳定性。当然，这种稳定性依赖于测量工具的可靠性和条件的稳定性。

③测量结果的相对性。人具有可变性，所以稳定性只是相对的。另外，我们根据某人的测验分数来进行判断时，只有把其分数与他人的分数加以比较后才能对结果做出判断。正如想要回答80分是高还是低，单看一个分数是不行的。

（二）心理测验的一般程式

心理测验是实施心理测量的一种具体方式。它是指在受控制的情境中，提供若干经过标准化的适当刺激，引起被测者的反应，然后将其结果与一般人在同样情况下的行为表现对照比较，借以对被测者的某种心理特质做客观评鉴。

心理测验要注意以下几点：心理特质只能从行为表现中推断出来，而无法直接测量；需审慎运用向被测者提供的刺激，选择出具有代表性的行为样本；测验必须符合标准化要求；测验必须具有客观性。

二、心理测验量表

心理测验的工具一般是心理测验量表。量表是已经标准化的测验。量表根据其使用的情况可以被分成两大类：一类是完成量表，问题的回答有正确与错误之分，它要求被测者尽可能好地完成测验，测定智力、能力的量表属于这类。另一类是评定量表，问题的回答没有正确与错误之分，它要求被测者根据客观事实对现象予以评定，用于测定人格、态度、兴趣方面的量表属于这类。在评定量表中，许多是由被测者评价自己的，这些也叫自陈量表。

心理测验量表在结构上包含以下四个方面：

（一）测量目标

任何一个心理测验量表都以测定某一心理特质为其目标。该目标往往简明扼要地被概括为量表的名称，让使用者一目了然，便于其根据实际目的选择合适的量表。例如，"儿童行为量表""症状自评量表""创造力测验量表"等。

（二）测验题目

测验题目即测验项目、内容。每一个测验项目都与一种心理特质、行为、症状相对应。在自陈量表中，每一项目都是一个陈述句或问句，例如，"我们家经常谈论经济和社会问题""在家里我们想说什么就说什么"（家庭环境量表），"与一群不认识的人在一起时我通常感到不自在""在与一位异性交谈时我通常感到轻松"（交往焦虑量表）。在测验题目的设计中，考虑到被测者对自陈量表的回答有说谎的可能性，因而有的量表加进了用以鉴定结果可靠性（即效度）的问题。当鉴定效度的问题的得分超过一定的限度时，表明该测验的结果不可靠。

（三）施测程序

量表对施测程序往往有明确的规定，这些规定包括：规定量表适用的对象（适用范围）；完成问卷的时限（有的没有限制，但智力量表一般都有限制）；填答的要求（在自陈量表中填答的分级从2级到7级不等，以5级最为常见）；施测的方式（有的量表只能个别施测，由施测者逐项问，并根据回答记录下来；有的量表既可个别施测，也可团体施测）。

（四）评分标准

每一量表对如何评分都做了统一的规定，这些规定包括各种回答对应多少分；如何算出原始分；如何把原始分折回标准分；如何解释分数；等等。每一量表都提供了常模，大都直接给出原始分与常模分的对照表。

以上方面都会在测验指导书中被介绍清楚，以便于施测者按照严格的要求实施，保证测验结果的可靠性。

案例点击　中小学学习困难学生焦虑的研究

一、研究目的

曾经有许多研究从不同角度探索了学习困难学生的特征与成因。本研究的目的是从一个新的角度，通过焦虑测量，了解中小学学习困难学生焦虑的水平与特点，揭示焦虑对学习困难学生的影响，为学习困难学生的鉴别和矫正提供心理学依据。

二、研究方法

1．被试

研究对象是152名中小学学习困难学生，其中高中二年级45人、初中二年级52人、小学五年级55人。

2．材料

使用由日本铃木清编制、北京师范大学郑目昌修订的一般性焦虑测验量表（CAT）。该量表在测量一般性焦虑方面有较高的信度和效度。

3．程序

(1) 将高中二年级的586人、初中二年级的549人和小学五年级的598人的语文、数学和外语三门课程的期末考试成绩转换成标准分，并计算出每位学生三门课程的平均分。其中，平均分高于1.5标准分的学生为学习优秀学生，共181人，占11.02%；平均分低于1.5标准分且三门中有一门以上不及格而需要补考的学生为176人，占10.71%。

(2) 对三门课程平均成绩低于1.5标准分且三门中有一门以上不及格的176名学生做瑞文标准智力测验，发现其中的152名学生的智商低于90分，所以这152名学生就是学习困难学生，占三个年级学生总数的9.3%。

(3) 对学习困难学生和学习优秀学生进行一般性焦虑测验。

三、结果与讨论

略。

四、小结

(1) 学习困难学生的平均焦虑水平与学习优秀学生相比，没有显著的差异，但学习困难学生中高焦虑者和低焦虑者明显多于学习优秀学生，表明焦虑过高和过低是学生学习困难的心理原因。

(2) 在学习困难学生中，女学生的焦虑水平明显高于男学生，说明焦虑过度更容易使女学生产生学习困难。

(3) 学习困难学生的焦虑水平不存在年级差异，无论是小学生、初中生还是高中生，焦虑过高或过低都容易导致学习困难。

三、心理投射测验

(一) 心理投射及其作用

在人格、态度、兴趣等方面的测量中，由于所使用的量表是要求被测者根据自己的情况做出回答，所以测量的准确性依赖于被测者是否愿意、能够做出客观真实的回答。

在一些情况下，被测者有意或无意地给予了歪曲或虚假的回答。这就影响了研究的准确性。一种情况是当一些问题涉及个人在公众中的形象时，被测者倾向于按照社会所接受的准则回答。另一种情况是有些问题被测者自己不一定能清楚地意识到，或者该问题处于人们的潜意识层面，被测者难以做出确认。这时候，可以考虑借助投射方法获得所需要的资料。

投射方法是向被测者提供一些意义不明确的刺激情境，让被测者在没有控制的情况下对多种含义模糊的刺激不受限制地、自由地做出反应，从而不知不觉地表露出诸如动机、需要、态度、欲望、价值观等人格特质。

投射方法的心理学依据是被测者对各种暧昧刺激的反应能表现出具有

相当代表性的人格特质，使潜意识方面的人格特质显现出来。所以以投射方法测定人格，有可能转移被测者的注意力和心理防卫，从而使施测者从中得到以其他方法难以得到的资料。

(二) 投射测验介绍

著名的投射测验有两种：

1. 罗夏墨迹测验

罗夏 (Hermann Rorschach) 为瑞士精神科医生。1920年起，他以墨迹图版测验人格。他通过大量测验从上千张墨迹图版中筛选出10张能引起不同精神病患者做出不同反应的墨迹图版。这10张墨迹图版中，5张非彩色，2张有一点儿红色，3张为彩色。

该测验要求被测者看每一张图，告诉施测者看到了什么，时间不限。被测者说完后，施测者可以问一些问题：看到的东西是图中的哪一部分？为什么说它像这个东西？

最后，根据被测者的反应，从反应部位、反应因素、反应内容和反应的创意性四个方面计分，以推论被测者的人格特征。

2. 主题统觉测验 (TAT)

该测验由施测者提供一系列意义模糊的图片，让被测者根据这些图片，发挥想象，编造故事。该测验最早由默里 (Henry Alexander Murray) 编制，于20世纪30年代开始使用。他认为，当一个人解释含糊不清的社会情境时，易于表露出自己内在的倾向和欲望。

施测时，给被测者一张图片，要求他以图片内容为主题，凭个人想象编造故事，说出图中描绘的是什么，图中情境发生的前因后果，图中人物的思想、感情，未来的演变将产生什么后果，等等。被测者在编造故事时，除受当时知觉影响外，其故事内容往往包含他的潜意识材料。也就是说，他在编造故事的过程中，借故事来表现自己内心的欲望与矛盾等。因此，通过对故事的分析，我们可以找出被测者的需求、态度和情感等。

案例点击　投射方法的应用

在一个题为"初中生性心理的特点与教育"的研究中，研究者就采用投射方法，探查初中学生性意识敏感的年龄。对于自身性心理发展的情况，初中学生不会很清楚地意识到，并且也难以在此问题上主动开口。对此，研究者设计了3张图：图一为一个男子站在窗口外拿着两张小纸片般的东西，窗户内露出一位女子的脸孔。图二是一男一女一起坐在书桌前的背影，男子的头转向女子一侧。图三是一位女子站在路边的一根电线杆旁边。被测者被要求说出图片中的人物在干什么，尽管回答五花八门，但研究者根据回答内容是否与两性问题有关而把它们归为两类（见下表）。

对投射图回答结果的归纳

投射图	与两性问题无关的回答	与两性问题有关的回答
图一	买戏票；退票	约会；交异性朋友
图二	正常交往；学习互勉；思想互助；听课；其他	谈情说爱；男注视女；交异性朋友
图三	候车；请教功课；放学路上；思索	等心上人；失恋；交异性朋友

统计与两性问题有关的回答在各年龄、年级所占的比例，就可得到性意识敏感的年龄和年级。该研究得到的结果是女生的性意识敏感的年龄是15岁，男生的性意识敏感的年龄是16岁。

四、心理测验的实施

心理测验的实施可分以下阶段进行：

（一）准备阶段

1. 培训施测者

为了保证心理测验的科学性和严肃性，除了在量表的编制上有严格的要求外，在施测人员方面也有一定的资格要求，包括专业上的和伦理上的。这些都要通过培训来实现。

施测人员的专业性培训内容包括对有关心理测量的理论基础、量表内容的全面学习；就量表的具体操作方法和结果的解释反复练习。经过一定的训练后还要进行预测，以了解是否达到合格施测者的技术要求。

除了专业上的要求外，施测者还应了解伦理上的要求并严格执行。伦理上的要求至少包括这些方面：施测时对被测者要持友好和善的态度，使之处于轻松自然的状态；尊重被测者的隐私权，对测验结果应严格保密，不得随便散布；不能滥用心理测验于非教育性、辅导性的目的；对心理测验工具要严格保密，不得随意交给未经培训的人使用。

2. 选择量表

作为量表的使用者，首先要根据自己的研究目的来选择量表。为了达到既准确又实用的目的，选择量表时应遵照以下原则：

①功效性。功效性是指量表能否全面、清晰、真实地反映所要评定的内容特征。这可以用量表内容的覆盖面、等级的划分来衡量。

②敏感性。敏感性是指量表对所测定的内容的敏感程度，即能否测出被测者某些特质、行为在程度上的有意义的变化。

③简便性。简便性是指量表简明、省时和方便实施。但是往往简明、省时和方便实施会影响到准确、全面。因此，应根据研究的要求，对这两个方面进行平衡。

④可分析性。可分析性是指易于对被测者的特质、行为或其他现象做出质与量的估计。这可以用评分方法及常模来衡量。

3. 选择场地

施测场地没有许多特殊的要求，一般在安静的环境下即可。

(二) 量表填写阶段

在这一阶段，要向被测者口头说明指导语。在团体测验中，尽管在发给被测者填答的材料中已印出指导语，但口头说明还是必要的。口头说明要严格围绕指导书，不要加入废话，特别是可能造成被测者紧张不安的话。

量表一般由被测者独立填答。如果被测者由于文化程度的原因，对一些项目不理解，施测者可向他念题，并以中性的态度把项目的意思告诉被测者。

(三) 评分与结果解释阶段

评分与结果解释都要按照指导书规定的标准进行。如果结果仅仅是用于研究，则应保留全部原始数据。如果从教育、辅导目的考虑，还应把结果告诉重要关系人，如家长、教师。这时，应把专业性的术语转化成通俗性的话语。应该注意，任何量表都有一定的局限性以及结果有程度不一的误差，因此在解释结果时要适度，不能绝对化。